韓国語リーディング

タングニの
日本生活記

당그니의 일본생활기

カバー・本文イラスト｜金玄謹
装丁・本文デザイン｜株式会社アイ・ビーンズ

はじめに

　皆さんが韓国語を学ぶ理由は何でしょうか。日本語に翻訳された文章や字幕を通してではなく、原語そのままで味わってみたいからではないでしょうか。日本語という窓を通さないで、韓国語そのままで感じることができるのは、韓国語を勉強した人だけに許された特権です。

　初心者の場合は、文法や表現や語彙を学ぶのに必死で難しいかもしれませんが、中級以上からは、より自然な表現と韓国語本来の風情を味わいたいと思うようになります。その意味で、韓国語で書かれた文章を読むことは、韓国語の実力をつける上で大変役に立つはずです。

　本書が取り上げている内容は、10年以上日本で暮らしてきた私が感じた、日本についてのエッセイです。日本についての話ですから、韓国語で書かれていても内容を理解することは難しくないだろうと思います。もちろん、私が書いている内容は極めて個人的な見解であり、この内容の全てが正しいというわけでも、また、全ての韓国人の意見を代弁しているわけでもないことは言うまでもありません。

　「아는 만큼 보인다（知るほどに見える）」という言葉があります。エッセイに限って見ても、私の日本を見る視点も歳月の流れとともに大きく変わったことが分かります。子供がまだいなかった頃と子供が生まれて小学生に成長した後、自転車のみで生活していた頃と車を運転するようになってから、といった具合に。その中でもずっと変わらずに感じてきた部分について書いてみました。この本が日本語を母語としている方々の韓国語学習に少しでもお役に立てれば幸いですし、また韓国人の目に映った日本文化を通じて皆さんが日本社会を違った角度からご覧になることも出来るのではないかと思っております。

　本書を執筆するにあたり、迫田英文さんには原稿をチェックしていただき、さらにミリネ韓国語教室講師の中村澄子さんには日本語訳の協力ならびに全体にわたってのアドバイスをいただきました。出版に関わってくださった皆さんに深く感謝いたします。

2015年4月 金玄謹

目次

생활

1. 아르바이트 **アルバイト** ── いらっしゃいませ！ …………… 008
2. 마스크 **マスク** ── 毎年経験する花粉との戦い …………… 014
3. 보증인 **保証人** ── あのう、保証人いらっしゃいますか？ ……… 020
4. 집 **家** ── 日本の家はただ狭いだけなのか？ ……………… 026
5. 동전 **小銭** ── 自販機の天国 …………………………… 032
6. 겨울 **冬** ── 韓国より寒いって？ ………………………… 038

시스템

7. 백엔숍 **100円ショップ** ── デフレの買い物天国？ …………… 044
8. 전철 **電車** ── 急行がいい ……………………………… 050
9. 자전거 **自転車** ── 日本のミニマイカー …………………… 056
10. 차 **クルマ** ── 停止線を正確に守る日本 …………………… 062
11. 길 **道** ── 道にない二つのものは？ ……………………… 068

음식

12 라면 **ラーメン** ── 一杯に込められる日本人のこだわり ………… 074
13 회 **刺身** ── 生ものに対しての並々ならぬ愛着 ……………… 080
14 매운 음식 **辛口** ── 韓国も辛く日本の食べ物も辛い？ ……… 086
15 된장과 간장 **味噌と醤油** ── 日本の食べ物の基本は？ ……… 092
16 신오쿠보 **新大久保** ── 日本最大の韓流タウン ……………… 098
17 식사 **食事** ── 日本人、ひとりで食べるのが好きな理由は？ …… 104

문화

18 온천 **温泉** ── お湯に浸かって世間をみる ……………………… 110
19 술자리 **酒の席** ── 自由に飲め、そして家に帰りたまえ ……… 116
20 기다림 **待つこと** ── ただ一瞬のために待ってくれ …………… 122
21 연말연시 **年末年始** ── 年を越すには三つ準備しないと ……… 128
22 디즈니랜드 **ディズニーランド** ── 人生を彩るテーマパーク …… 134

말

23 사투리 **方言** ── テレビを通して学ぶもう一つの日本語 ……… 140
24 사무라이 **サムライ** ── 日本語の中に生きている侍 …………… 146
25 모국어 **母国語** ── ありとケミ ……………………………………… 152

本書の構成と使い方

　本文は韓国語が持つ本来の味わいを活かすために、文章があまり簡単になりすぎないように留意しました。文章はなるべく短めにまとめ、そこに韓国人が普段良く使う表現や最低限知っておくべき表現を盛り込みました。中にはかなり自由に書いたものもあります。ただし、自分が韓国語を教えている立場上、学習に役立つ表現を使うように配慮しました。

構成について

- 1つの項目は6頁から構成されています。1～4頁にエッセイの本文テキストと一部の単語の訳や、わかりにくい熟語や表現の注をつけています。残りの見開き2頁には、「ポイントとなる表現」と「和訳」が示されています。

- 語注の中で、「～」は語幹や体言などを示します。「cf.」は、類似の表現や関連させて覚えておくと便利な表現などを示しています。〈　〉は漢字語で日本とは違う漢字が用いられているものを示しています。

使い方について

　基本的には自由に読んでいただいてかまいません。取り上げている話題は、日本での日常的なことがらですから内容については類推がつくことが多いことと思います。一つの項目の文章はそれぞれあまり長いものではありません。注を見ないでテキストをどんどん読む、あるいは注を参考にしつつ文書の大意をつかむように読んでくだされればいいでしょう。

　さらに辞書を引きながら精読し、実際に自分で訳文を書いて、示されている日本語訳と比較してみるのも、細かい点まで理解できているかどうか確認するのに役立ちます。日本語訳は直訳ではなく、ある程度日本語としてこなれたものにしました。日本語訳の一例として参考にしてください。

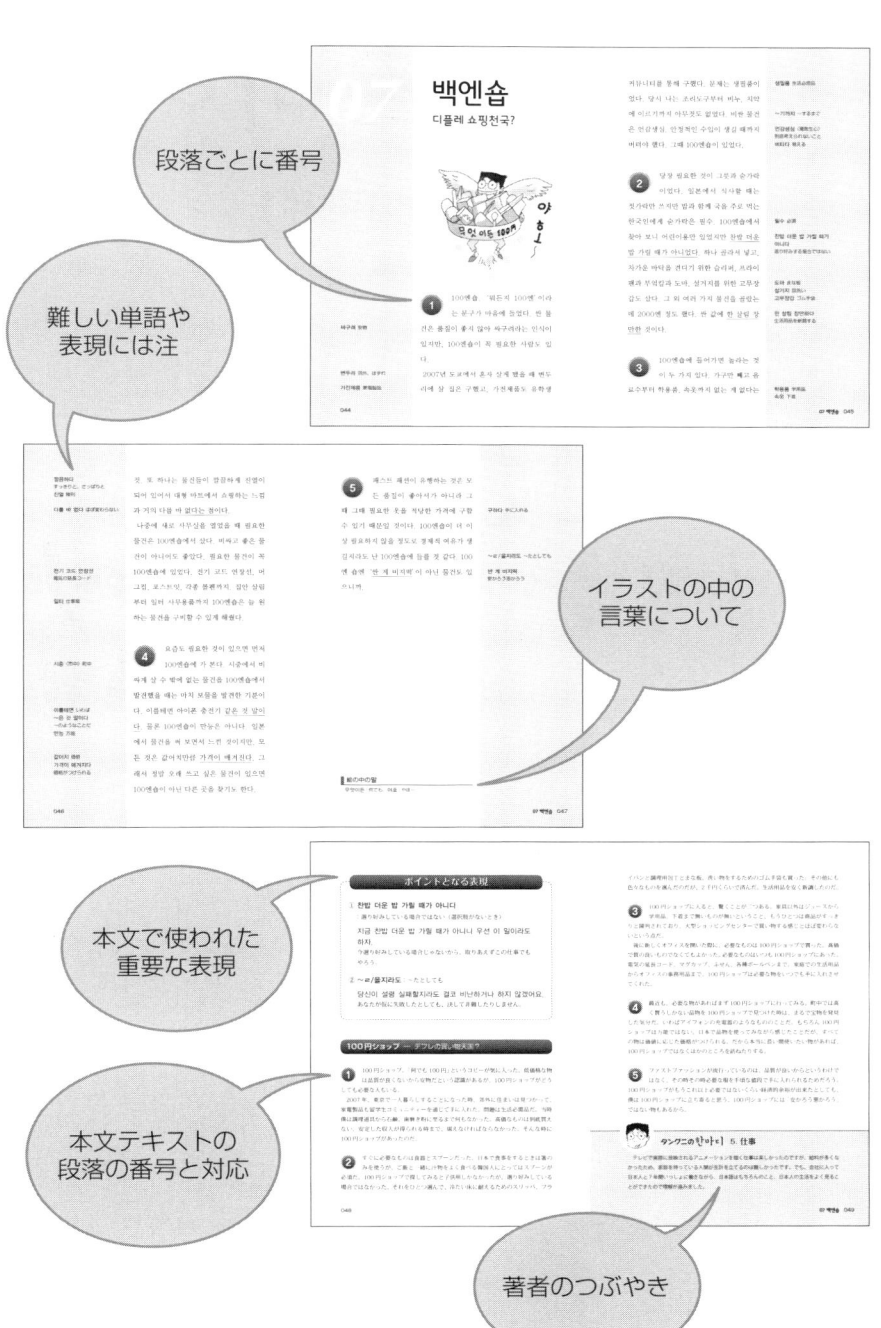

01 아르바이트

이랏샤이마세!

입밖에 내다 口に出す

어색하다 ぎこちない

활기가 돌다 活気がみなぎる

1 "이랏샤이마세".
처음 일본에서 아르바이트를 시작했을 때 나도 외친 말이다. 처음에는 입밖에 내기가 어색했지만 점원들의 우렁찬 목소리로 가게에 활기가 돌았다. 일제히 외치면, 구석에서 그릇을 닦는 사람도 손님이 왔는지 돌아가는지 알 수 있다. '이랏샤이

마세'는 내 일본생활의 시작이었다.

❷ 일본 와서 처음 한 일이 교토의 야키니쿠 알바였는데 일본어학교를 끝내고 오후 5시부터 밤 11시까지 일했다. 일은 고됐지만 시급 이상의 가치가 있었다. 무엇보다 일본어 연습을 할 수 있었다. 손님 접대를 하면서 교과서에 없는 말을 배우고 물론 못 알아들어서 난처하기도 했고, 식사 및 휴식 시간에는 일본인 동료들에게 회화 연습을 많이 할 수 있어서 좋았다. 일본어 학교보다 도움이 됐다.

❸ 새로웠던 것은 화장실이 고객용과 직원용이 엄격하게 구별되어 있었다는 것. 내가 일했던 곳의 손님용 화장실은 실내에, 직원용은 실외에 있었다. 일하는 직원에게는 불편했지만 음식점의 위생면을 생각하면 이해가 갔다. 손님이 볼일을 보는 화장실에서 종업원과 마주치는 게 썩 유쾌한 것은 아니니까. 그해 가을 아

알바 = 아르바이트

일이 고되다
仕事がきつい・しんどい
시급 時給

난처하다 困る

엄격하다 厳しい

이해가 가다 理解できる
cf. 납득이 가다 納得がいく
볼일을 보다 用を足す
마주치다 鉢合わせる
썩 ~것은 아니다
あまり~ではない
유쾌하다 愉快だ

01 아르바이트 009

이듬해 翌年	
겨우내 冬の間ずっと	

규율 規律	

금물 禁物	
홀 ホール	

용무를 보다 用事をすます	

일 처리하다 仕事に臨む	
지금 와서도 今になっても	

르바이트를 시작해서 이듬해 2월까지 했으니까 겨우내 화장실을 갈 때는 떨었다. 서울만큼 지독한 추위는 없었지만, 분지인 교토도 꽤 추웠다.

4 일본 가게의 아르바이트 규율은 한국보다 엄격했다. 당연한 이야기지만, 일하는 시간에 휴대폰 사용 및 개인적인 용무는 금물이고, 손님이 없는 시간에도 계속 홀에 서 있거나 가게청소를 했다. 한국에서는 가게에 들어갔을 때 보통 직원들은 앉아 있거나 다른 용무를 보다가 손님을 맞이하는 것이 자연스러웠는데, 일본은 달랐다. 일본에서 아르바이트를 하고 나서, 야키니쿠 가게에서 배웠던 내용 대부분이 일본인들이 일 처리하는 기준이라는 것을 알게 되었다. 그것은 15년이 지난 지금 와서도 같다. 그것이 모여 일본의 시스템을 만든다.

5 가끔 일본에 출장을 오는 동생이 일본에서 놀란 것이 있다면 아르바이트생들의 자세라고 한다. 시급이 그리 비싸지 않은 패스트푸드점 점원조차도 항상 웃는 얼굴로 손님을 대한다는 것이다. 늘 일정하고 한치의 오차도 없어 보인다. 감정의 기복도 느껴지지 않을 정도로. 그런 친절함에 손님은 편안함을 느낀다. 그래서 일본에서 살다가 모국으로 가거나 다른 나라로 가면 서비스의 질에서 확연한 차이를 느끼고 불쾌함을 경험하기도 한다. 어디서나 균등한 서비스의 질을 담보하고 있다는 것, 일본의 커다란 장점이다.

조차 すら

손님을 대하다 接客する

한치의 오차도 없다
一寸の誤差もない

확연하다 明らかだ

불쾌하다 不快だ

균등하다 均等だ

■ 絵の中の말
성실 : 誠実、친절 : 親切

ポイントとなる表現

① **썩 ~것은 아니다**
　：あまり~なことではない、あまり~なわけではない
　＊썩＝あまり、それほど

　그 학교는 썩 마음에 드는 것은 아니야.
　その学校はそれほど気に入っているわけではない。

② **人＋~을 대하다**：~に接する
　그 사람은 손님을 대하는 태도가 다르다.
　その人は接客する態度が違う。

③ **한치의 ~도 없다**：一寸の~もない

　그 사람은 늘 한치의 흔들림도 없이 결단을 한다.
　その人はいつも一寸の揺るぎもなく決断する。

アルバイト ― いらっしゃいませ！

1
「いらっしゃいませ！」
　日本で初めてアルバイトを始めた時、僕も声を張り上げた言葉だ。最初の頃は、口に出すのがぎこちなかったが、従業員たちの力強い声で店内に活気がみなぎった。一斉に声を張り上げると、隅の方で皿洗いをしている人もお客さんが来店したのか、帰るのかを把握できる。「いらっしゃいませ」は僕の日本での生活のスタートだった。

2
日本に来て最初のアルバイトが京都の焼肉屋（の従業員）だったのだが、日本語学校の授業を終えて午後5時から夜の11時まで働いた。仕事はきつ

かったが、時給以上の価値があった。何より日本語の練習ができた。もちろん、聞き取れずに困ったこともあったが、接客しながら、教科書には載っていない言葉を覚える事ができたし、まかないや休憩時間には日本人の仕事仲間とたっぷり会話練習できた点が良かった。日本語学校よりも得るものがあった。

③ 新鮮だったのは、トイレがお客様用と従業員用に厳密に区別されていたことだった。僕が働いていたところのお客様用トイレは店内に、従業員用は外にあった。従業員にとっては不便であったが、飲食店の衛生面から考えると納得がいった。お客様が用を足すトイレで従業員と鉢合わせするのは、あまり愉快なことではないためである。その年の秋からアルバイトを始め、翌年の２月まで続けたので、冬のあいだ中トイレに行く時は震えていた。ソウルほどの厳しい寒さではなかったが、盆地の京都もかなり寒かった。

④ 日本の店のアルバイトの規律は韓国より厳格だった。当然のことであるが、仕事中の携帯電話や私的な行動は禁物で、お客様が不在の時もホールではずっと立っているか、または店内の掃除をした。韓国では普通、店に入ると従業員は座っていたり、何か他の用事をしていたのを中断して接客することが自然なのだが、日本では違っていた。その後も日本でアルバイトを経験してみて、焼肉屋で学んだことの大半が日本人の仕事に対する基本的な姿勢だったのだという事を知った。それは15年たった今になっても同じである。それが日本のシステムを作っているのだ。

⑤ 時々出張で日本に来る弟が、日本で驚いたことを挙げるとするならば、アルバイト従業員の仕事に対する姿勢（心構え）だと言う。さほど高い自給をもらっているわけでもないファストフード店の店員でさえも、いつも笑顔で接客するという点である。常に一定であり、一寸の誤差もないように見える。感情の起伏も感じられないくらいだ。そのような親切に対して、お客様は安らぎを覚える。そのため、日本から母国へ戻ったり、他の国を訪問するとサービスの質に明らかな違いを感じ、不快になることもある。どこでも均等なサービスの質を保っていることが、日本の非常に大きな長所である。

02 마스크

해마다 치르는 꽃가루와의 전쟁

설렘 ときめき

흩날리다 舞い散る

뜻하다 意味する

화려하게 盛大に · 華々しく

1 마쓰 다카코 주연의 영화 '4월 이야기'에는 도쿄의 봄이 아름답게 그려진다. 첫사랑의 설렘을 품은 여주인공이 도쿄로 이사 오는 날 벚꽃이 흩날린다. 벚꽃은 봄의 부활을 뜻한다. 1년에 단 한 번, 그것도 아주 짧게 화려하게 폈다가 지는 벚꽃으로 일본의 봄은 아름답다. 그러

나 모든 것이 낭만적이지는 않다. 봄이 되면 찾아오는 소리 없는 습격자, 꽃가루 때문이다.

2 봄. 유난히 마스크를 쓴 사람이 많은 걸 보고 처음엔 모두 감기 환자인 줄 알았다. 서울보다 춥지 않은 곳, 도쿄에 왜 이리 감기가 유행일까. 마스크의 이유가 모두 감기는 아니었다. 주범은 삼나무 꽃가루였다. 처음에 마스크 쓴 사람들이 다 엄살을 피우는 것이라 생각했다. 그러던 어느 날 도쿄 생활 5년째 나도 모르게 콧물이 줄줄 흐르기 시작했다. 단 한 번도 꽃가루 알레르기에 대해서 생각해 본 적이 없던 내게는 충격이었다. 시판되는 약으로는 콧물이 멈추지 않아, 병원 신세까지 졌다. 나도 알레르기 환자가 된 것이다. 추위를 많이 타는 나는 봄이 오는 것을 좋아하나, 꽃가루 탓에 봄을 두려워하게 됐다.

낭만적 ロマンチック
모든 것이 ~이지는 않다 すべてが~ではない

유난히 とりわけ

~인 줄 알다 ~だと思う

주범 主犯

엄살을 피우다 大げさに騒ぐ

시판 市販

신세까지 지다 世話にもなる

추위를 타다 寒がる
cf. 더위를 타다 = 暑がる

구비하다〈具備〉用意する

~고 나서 알다
~てから知る
미세하다 微細だ
양쪽 볼 両方の頬

김이 서리다
メガネやガラスが曇る

~아/어다가 ~していき

승산 勝算
~을 것만 같다 ~かと思う、
てっきり~気がする

~다 보니 ~ていると

민폐 迷惑

이유인즉슨 理由はすなわち

옮기다 うつす

3 일본에서 봄에 꽃가루에 지지 않으려면 2월쯤 서둘러 병원에 다녀와야 하고, 마스크도 미리 구비해 둬야 한다. 마스크의 종류가 그렇게 많다는 것도 꽃가루 알레르기에 걸리고 나서 알았다. 아주 미세한 꽃가루의 침투를 막기 위해 양쪽 볼까지 덮는 마스크, 숨 쉬기 쉽게 하기 위해 코와 입 부분의 공간을 충분히 확보한 마스크 등. 안경에 김이 서리는 문제까지 해결한 마스크 광고도 본 적이 있다. 중국발 미세먼지로 고생하는 한국에 가져다가 팔아도 승산이 있을 것만 같다.

4 마스크를 많이 접하다 보니 마스크 쓰는 습관에도 일본인 특유의 민폐를 끼쳐서는 안된다는 의식이 자리 잡고 있다는 걸 알았다. 꽃가루 알레르기는 놔 두고서라도 감기에 걸려서 기침하는 사람은 꼭 마스크를 착용한다. 이유인즉슨 감기를 다른 사람에게 옮기지 않기 위해서다. 내가 빨리 낫는 것만 중요한 것이 아니라

다른 사람에게 옮기지 않는 것도 중요하다는 것이다. 그리고 보니 환절기에 역무원이나 관공서 공무원 중에 마스크를 쓴 사람을 쉽게 볼 수 있었다.

5 마스크를 별로 좋아하지 않는 나로서는 봄이 꽃가루를 몰고 온다는 점에서 별로 달갑지 않다. 정말이지 꽃가루 날리는 시기만은 일본에서 어딘가로 떠나 있고 싶다. 매해 전쟁 아닌 전쟁을 치르고 있으므로. 난, 평화를 원한다.

그리고 보니 そういえば

몰고 오다
たくさん運んでくる
달갑지 않다 ありがたくない
정말이지
本当に、もし可能であれば

▌絵の中の말

에취 : ハクション、티슈 : ティッシュ

ポイントとなる表現

① **모든 것이 ～ 形容詞＋지는 않다**：すべてが～なわけではない

모든 것이 순조롭지는 않습니다.
すべてが順調なわけではありません。

② **～고 나서 알다**：～てから知る、～てからわかる

지진이 나고 나서 그 무서움을 알았다.
地震が起きてからその恐ろしさがわかった。

③ **～ㄹ/을 것만 같다**：～そうな気がする

잃어버린 아이가 금방이라도 집으로 돌아올 것만 같다.
いなくなった子供が今にでも家に帰ってきそうな気がする。

マスク ― 毎年経験する花粉との戦い

1 　松たか子の主演映画『四月物語』(岩井俊二監督、1998年)には東京の春が美しく描かれている。初恋のときめきを抱いた女性主人公が東京に引っ越してくる日、桜が舞い散る。桜は春の復活を意味する。1年にたった一回、それもとても短く、盛大に咲いては散る桜によって日本の春は美しい。しかし、すべてがロマンチックなのではない。春になるとやってくる声なき襲撃者。花粉のせいだ。

2 　春。とりわけマスクをしている人が多いのを見て、最初は皆風邪をひいているのだと思った。ソウルよりも寒くないここ東京で、なぜこんなに風邪が流行っているのだろうか。マスクをしている理由のすべてが風邪というわけではなかった。犯人は杉の花粉だった。初めは、マスクをしている人たちが皆大げさに騒いでいるのだと思っていた。そんなある日、東京生活5年目で知らないうちに鼻水がズルズルと垂れ始めた。ただの一度も花粉症について考えたことがなかった僕

には衝撃だった。市販の薬では鼻水が止まらず、病院の世話にまでなった。僕もアレルギー患者になってしまったのだ。すごく寒がりな僕は、春が来るのが好きなのだが、花粉のせいで春を恐れるようになった。

❸　日本で、春に花粉に負けないようにするには2月頃に急いで病院に行っておくべきだし、マスクもあらかじめ用意しておかなければならない。マスクの種類がそんなにも多いということも花粉症になってから知った。大変微細な花粉の侵入を防ぐため、両方の頬まで覆い隠すマスク、呼吸しやすくするために鼻と口の部分の空間を充分に確保したマスク等。メガネの曇りまでをも解決したマスクの広告も見たことがある。中国からやってくるPM2.5によって苦労している韓国に持って行き売ったとしても、勝算があると思われる。

❹　マスクにたくさん接してみると、マスクをつける習慣にも日本人特有の迷惑を掛けてはいけないという意識が根付いているということが分かった。花粉症はさておき、風邪をひいて咳が出る人は必ずマスクを着用する。理由はすなわち風邪をほかの人にうつさないようにするためだ。自分だけが早く治るということが重要なのではなくて、ほかの人たちにうつさないことも重要だということなのだ。そういえば、季節の変わり目に駅の職員や役所などの公務員の中でマスクをしている人を容易に見ることができる。

❺　マスクがあまり好きではない自分としては、花粉を運んで来るという点で春はあまり有り難くない。本当に、花粉の飛ぶ時期だけは日本からどこかへ離れていたい。毎年、戦争ではない戦争を強いられているのだから。僕は平和を願っている。

タングニの한마디　1. タングニ

　僕の名前は金玄謹（キム・ヒョングン）ですが、「謹」で終わるので「당근（にんじん）」と語感が同じということで知人たちから「당그니 タングニ」と呼ばれていました。2005年から韓国で日本に関することを書いて発表することになり、友人たちから呼ばれていたニックネームも悪くないかもと思い、ペンネーム代わりに使うようになりました。당연하지「当然だろ」と言う代わりに冗談で당근이지「にんじんだろう」と言うのが一時流行しましたが、それとは関係ありません！

03 보증인
저기, 보증인 있으세요?

세상 世の中

부딪치다 ぶつかる

1 집은 세상을 살아가면서 가장 마음 편하게 쉴 수 있는 곳이다. 그러나 외국인인 내가 일본에 처음 왔을 때 가장 먼저 부딪친 벽이 집 구하기였다. 2001년 봄 6개월간의 교토 기숙사 생활을 끝내고 도쿄로 왔을 때 가장 급한 것이 집이었다. 그때만 해도 난 집 구하기가 그렇

게 어려울 줄 몰랐다. 무엇보다 일본인 보증인이 필요했다. 일본인이라면 부모가 보증인이 되어 주면 되지만, 유학생의 경우는 그럴 수가 없다. 지인을 통해 미리 일본인 보증인을 구했기에 내심 별 문제 없을 거라고 생각했다.

~ㄹ/을 줄 몰랐다 ~とは思わなかった
보증인 保証人

2 처음 들어간 부동산에서 있었던 일이다. '일본인 보증인'이 있으니 집을 보여달라고 말했다. 담당자는 잠시만 기다려 보라고 한 뒤 서류를 찾는 듯 하더니 다시 와서는 이렇게 말했다. "대단히 죄송합니다만, 보증인과 혈연관계여야 합니다…" 이 말은 보증인이 가족 혹은 친척이어야 한다는 것이다. 바꿔 말하면 '외국인 세입자에게 집을 구해주기가 싫다'는 뜻이다. 나는 두말없이 그곳을 나와 버렸다.

거라고 ~だという

담당자 担当者

~는 듯 하더니 ~をするふりをして

혈연관계 血縁関係

바꿔 말하면 言い換えれば

세입자 賃借人

3 일본에 온 지 얼마 되지 않는 외국인이 가장 먼저 스트레스를 받

난감하다 困惑する

~ㄴ/는다 하더라도
~だとしても
족족 相次いで

벌이 稼ぎ

더더욱 更に

~다니 だなんて

사례금〈謝礼金〉礼金
갱신료 更新料

초창기 最初のころ

부러워하다 うらやましがる

는 것이 바로 부동산의 태도이다. 그런데, 좀 더 다니다 보니 그들이 난감해하는 이유를 알 수 있었다. 마음씨 좋은 부동산 담당자를 만난다 하더라도 외국인이라고 하면 집주인들이 연락을 받는 족족 거절을 하기 때문이다. 특별한 벌이가 없는 유학생이라면 더더욱 그렇다. 리스크가 크다는 것이다. 전철로 이동하면서 창 밖에 보이는 수많은 집을 보면서 이렇게 생각했다. '이 많은 집 중에 내가 쉽게 들어갈 집이 이렇게 없다니…' 결국 나는 부동산을 통한 집구하기를 포기하고 아는 사람을 통해 직접 집주인을 소개받았다.

4 그 이후 나는 집에 관해서는 부동산을 찾지 않는다. 민간주택 대신 UR 공단주택이나 JKK 도민 주택 등 보증인과 사례금, 갱신료 등이 필요 없는 집만 골라서 살았다. 일본에서 살기 시작한 초창기에는 매월 돈을 내야 하는 월세제도가 싫어서 한국의 전세제도를 부러워했었

다. 한국의 전세제도란 목돈의 보증금을 내면 계약기간 내에는 아무런 비용도 지불하지 않아도 된다. 다달이 내야 할 돈이 없으니 일단 이사만 하고 나면 부담이 없다.

⑤ 물론 전세의 경우 일본의 '시키킹'과는 비교가 되지 않을 정도의 보증금이 필요하다. 일본 돈으로 1천만 엔이 있다 하더라도 서울의 변변한 전셋집을 구하기는 쉽지 않다. 초기 부담이 너무 크다는 이야기다. 게다가 2년마다 갱신을 하는데 물가가 오르면 집주인이 2~3백만엔 정도 전세보증금을 올려달라고 하는 경우가 많다. 목돈을 마련하기 힘든 사람은? 결국 이사를 하게 돼 익숙해진 마을을 떠나야 한다. 일본은 갱신할 때도 월세가 오르지 않기 때문에 이사 갈 필요가 없어 주거의 안정성 면에서는 낫다고 할 수도 있다. 모든 것에는 장단이 있는 법이다.

絵の中の말
보증인 : 保証人、나 벌 서고 있니? : 僕、罰を受けているの？

전세 チョンセ
（韓国の保証金制度）
목돈 大金

다달이 毎月

변변하다
まともな、それなりの

마련하다 用意する、準備する
~기 힘들다 ~のが大変だ、
~のが困難だ

모든 것에는 장단이 있다
すべては善し悪しがある
장단〈長短〉善し悪し
~는 법이다 ~ものだ

ポイントとなる表現

① **~ㄹ/을 줄 몰랐다**：~とは思わなかった
 （予想がはずれた時に使う）

 일본의 겨울이 이렇게 추울 줄 몰랐어요.
 日本の冬がこんなに寒いとは思いませんでした。

② **~다 보니**：しているうちに（繰り返すうちに起きた変化に関して）

 ~다 보니 + 過去形　　cf. ~다 보면 + 未来形

 매일 일본어를 쓰다 보니 잘 하게 됐어요.
 毎日日本語を使っていたら上手になりました。

保証人 — あのう、保証人いらっしゃいますか？

1 家とは生活を営む上で最もリラックスして休むことのできる場所だ。しかし、外国人である僕が日本に初めて来た時、一番最初にぶつかった壁が家探しだった。2001年の春、6ヶ月間の京都での寮生活を終えて東京に来た時、最初に急を要したのが住まいだった。その時まだ自分は家探しがそんなにも大変なことだという事を知らずにいた。何よりも日本人の保証人が必要だった。日本人だったら両親が保証人になってやれば済むことだが、留学生の場合にはそうはいかない。(でも)知人を介して日本人の保証人を前もって探しておいたため、たいして問題はないだろうと内心思っていた。

2 最初に入った不動産屋で起こった事だ。(僕は)「日本人の保証人」がいるから家を見せて欲しいと言った。担当者は、少々お待ちくださいと言った後、何か書類を探している素振りだったのだが、戻ってきてこう言った。「大変申し訳ないのですが、保証人とは血縁関係でなければなりません……」この言葉は、保証

人が家族あるいは親戚でなければならないという意味である。言い換えれば、賃借人が外国人ならば家を貸したくないという意味だ。僕は黙ってその場を立ち去った。

❸　日本に来てからさほど経っていない外国人がまず最初にストレスを感じるのが、まさに不動産屋の態度だ。だが、不動産屋めぐりを少し経験しているうちに彼らが困惑する理由が分かった。（仮に）心優しい不動産屋と出会ったとしても、大家さんが外国人だという理由で、連絡をするや否や拒否するためである。特段稼ぎのない留学生の場合は更にそうだ。リスクが大きいという事なのだ。電車で移動している途中、車窓から見える数多くの家を見ながらこう思った。「こんなにたくさんの家があるっていうのに、自分がスムーズに入居できる家がこんなにもないなんて」。結局僕は不動産屋を介しての家探しを諦め、知人を介して直接大家さんを紹介してもらった。

❹　その後、僕は住まいに関しては不動産屋を訪ねないことにしている。民間住宅の代わりにＵＲ公団住宅やＪＫＫ都民住宅などの保証人や礼金、更新料の要らない住宅ばかりを選んで暮らしてきた。日本で暮らし始めた最初のころは、毎月家賃を支払わなければならない月払い制度が嫌で、韓国のチョンセ制度をうらやましく思っていた。韓国のチョンセ制度とは、ある程度まとまった金額の保証金を預ければ、契約期間内は一切の費用を支払わなくてもいいという制度である。月々支払わなければならない費用がないため、いったん引っ越しをしたら負担がない。

❺　もちろんチョンセの場合、日本の「敷金」とは比べ物にならないほどの保証金が必要だ。日本円で１千万円あったとしても、ソウルでそれなりのチョンセ物件を見つけるのは難しい。初期負担が大きすぎるのである。その上２年ごとに更新するため、物価が上がれば大家さんに200〜300万円くらいチョンセ保証金を上げたいと言われる場合が多い。まとまったお金を準備するのが困難な人はどうなるのであろうか？結局は引っ越しせざるを得なくなり、住み慣れた町を離れなければならない。日本は、更新の際にも家賃が急に上がることがないので引っ越す必要がないし、住居の安定性の面で良いとも言えるだろう。どんな事にも一長一短があるというものだ。

04 집

일본 집은 그저 좁기만 한 걸까?

다닥다닥
ぴったりとくっつくように

단지 〈但只〉 単に、ただ
~기만 한 것일까
だけだろうか

붙박이 備え付け

수납공간 収納空間

1 다닥다닥 붙어 있는 도쿄의 개인 주택들. 한국의 대형 아파트에서 살던 사람들은 일본의 집이 작다고 느낀다. 그러나 일본 집은 단지 좁기만 한 것일까. 한국 집에 없는 일본 집의 특징은 우선 수납 공간이 많다는 것이다. 각 방마다 붙박이 장처럼 벽 안쪽에 달린 수납공간이

있다. 한국은 고급 아파트 이외에 따로 '벽수납공간'이 없다. 미닫이 문만 닫으면 온갖 너저분한 살림살이를 감쪽같이 감출 수 있으니 난 은근히 '오시이레'가 마음에 든다.

미닫이 ふすま、引き戸

너저분하다 ごちゃごちゃする
살림살이 生活用品、家財道具
감쪽같이 うまいこと
은근히 密かに

2 일본 집에 산 지도 15년. 아직도 잘 적응이 되지 않는 것이 다타미(畳). 한국의 모든 집이 온돌을 고집하듯이 일본은 다타미를 고집한다. 세월이 흘러도 바뀌지 않는 것이 있다면 그것은 전통이라 부른다. 다타미는 <u>그 나름의</u> 매력이 있다. 여름에는 시원하고 겨울에는 나무바닥보다 따듯하다. 또한, 다타미가 일종의 쿠션 역할을 하기 때문에 아이가 침대에서 떨어진다거나 물건이 떨어져도 크게 상처를 입지 않는다. 단점이라면 돗자리가 사시사철 바닥에 깔려있는 셈이어서, 음료수를 <u>엎지른다거나</u> 하면 그대로 밸 수 있고, 또한 조그만 벌레가 살기 좋은 조건이라는 것. 나는 이를 방지하기 위해 다타미 위에 무조

~듯이 ~ように

그 나름의 それ相応の

돗자리 ござ
사시사철 年中
엎지르다 こぼす
~ㄴ/는다거나 하다
~したり~したりする
배다 染み付く

방충 防虫

건 방충 카펫이나 장판을 깔았다.

~이라는 것
だということである

탕 風呂

이열치열 〈以熱治熱〉
熱を以って熱を治める
몸을 푹 담그다
体をどっぷりと浸からせる

온전히 もともに、完全に

욕을 바가지로 먹다
悪口を散々言われる

상실하다 失う

잡다하다 雑多だ

③ 일본 집의 또 다른 특징은 욕조가 매우 실용적이라는 것. 온도조절까지 되니까. 일본사람들은 아무리 더운 날이라도 퇴근 후 집에 오면 샤워 대신 탕에 들어가서 몸을 덥힌다. 겨울에 몸을 덥히는 것은 이해가 가지만, 여름에도 뜨거운 물에 들어 간다니? 이열치열이라고 일본인의 하루는 그렇게 탕 속에 몸을 푹 담가야만 온전히 끝난다고 한다. 한국에서는 어림도 없다. 더운 여름에는 찬물로 샤워 한 번 하면 되는데 욕조 가득 물을 채웠다가는 물 낭비한다고 욕을 바가지로 먹을 것이다. 집에서 욕조를 쓸 일이 별로 없다 보니 서울 부모님 집 욕조는 이미 그 기능을 상실했다. 욕조 안에는 각종 세제를 비롯한 잡다한 물건들로 가득 차 있다.

 일본 집에서 가장 마음에 드는 건 세면대와 화장실이 분리되어 있다는 점이다. 4인 가족의 경우 바쁜 아침 화장실 갈 사람은 화장실을 쓰고 세수할 사람은 별도로 세수를 할 수 있으니까. 한국에서는 세면대와 변기가 같이 있어서 누군가 화장실을 차지하고 있다면 기다리거나 세수를 주방 싱크대에서 해야 된다. 욕실과 화장실이 하나로 되어 있을 때 생기는 또 다른 문제는 볼일을 보러 들어갔다가 샤워한 물기가 남아있으면 미끄러질 수 있다는 것이다.

세면대와 화장실, 욕실이 분리된 일본. 공간의 효율적 활용으로 따지면 일본이 나을 수도 있다. 한국의 집에도 꼭 도입했으면 하는 구조다.

~다는 점이다
という点である

세면대 洗面台

주방 厨房、キッチン
싱크대 シンク

~았/었다가
~した時、~したところ
물기가 남다 水気が残る

~로 따지면
という点で言うならば
~았/었으면 하다
~てもらいたい、~てほしい

■ 絵の中の말

후다닥 : ばたばた

ポイントとなる表現

① ～ㄴ/는다거나 ～ㄴ/는다거나 하다：～したり～したりする

공원에서 아이들이 다툰다거나 다친다거나 하면 큰일입니다.
公園で子供たちがけんかしたり、けがをしたりすると大変です。

② ～았/었다가：～したところ

그는 하와이에 갔다가 그녀를 만났다.
彼はハワイに行ったところ、彼女に出会った。

③ ～았/었으면 하다：～してもらいたい、～してほしいと思う
（婉曲な表現）

이번 모임에는 꼭 와 주셨으면 합니다.
今回の集まりに是非いらしていただけたらと思います。

家 ― 日本の家はただ狭いだけなのか？

1 ぴったりとくっつくように建っている東京の戸建て住宅。韓国の広いマンションに暮らしていた人々は、日本の住宅が狭いと感じる。しかし日本の家はただ狭いだけだろうか。韓国の家にはない日本の家の特徴は、まず収納場所が多いということだ。各部屋ごとに備え付けのクローゼットのように、壁の内側に収納場所がある。韓国は高級マンション以外は、別途、収納場所はない。ふすまを閉めさえすれば、ごちゃごちゃした生活用品をうまいこと隠せるため、僕は密かに押入れが気に入っている。

2 日本の家に暮らして15年。未だによくなじめないのが畳。韓国の全家庭がオンドルにこだわるように、日本は畳にこだわる。時が流れても変わらないものがあるとすれば、それが伝統とも言える。畳にはそれ相応の魅力がある。夏には涼しく、冬は板の間よりも暖かい。また、畳が一種のクッションの役割を果

たすので、子供がベッドから落ちたり、物を落としたりしても大きな損傷はない。短所を挙げるなら、ござが一年中床敷かれている状態なので、ジュースをこぼしたりしたらそのまま染み付くこともあり、またダニが住み着くのに好条件だということ。僕はこれを防止するため、畳の上にとにかく防虫カーペットか、韓国特有のオンドルの床に張る厚い油紙を敷いた。

③ 日本の家のもう一つの特徴はというと、浴槽が大変実用的だということだ。温度調節まで出来るからだ。日本人は、どんなに暑い日でも仕事を終えて家へ帰ってきたらシャワーの代わりに浴槽に浸かって体を温める。冬に体を温めることは理解できるのだが、夏にも熱いお湯に入るとはいったいどうしたことか。「熱を以って熱を治める」といって、日本人の一日はそのようにお湯にどっぷりと浸ってこそまともに終わるのだという。韓国ではあり得ない。暑い夏は冷水でザーッとシャワーすればいいのに、浴槽いっぱいに水を張ったとしたら水の無駄遣いだと小言を散々言われることだろう。家で浴槽を使うことはあまりないので、ソウルの実家の浴槽はすでに浴槽としての機能を失っている。浴槽の中は各種洗剤をはじめとした雑多な物で一杯だ。

④ 日本の家で最も気に入っているのは洗面所とトイレが別々だという点だ。4人家族の場合、忙しい朝、トイレに入りたい人はトイレに、顔を洗いたい人は別のところで洗顔できるからだ。韓国では洗面所と便器が一緒の空間にあるため、誰かがトイレを占領していたら待つか、キッチンのシンクで洗顔しなければならない。浴室とトイレが一緒になっていることにより起こるもうひとつの問題は、用を足しに入った時シャワーの水気が残っていると、すべることもあるということだ。洗面所とトイレ、浴室が分かれている日本。空間の効率的な活用という点で言うならば日本がいいかもしれない。韓国の家にも是非導入してもらいたい構造だ。

 タングニの한마디 2. 日本に来たきっかけ

アニメーターになるためでした。せっかく日本語を学び始めたので、日本に行かないまま他の仕事をするのももったいないという考えもあり、最初の6ヵ月間は京都で日本語学校に通い、その後東京に引っ越して来てからはずっと東京で暮らしています。

05 동전
자판기의 천국

식권 食券

동전 コイン・硬貨

거스름돈 おつり

돌려 받다 返してもらう
주머니 ポケット
쩔그렁 じゃらじゃと
잔돈 小銭・細かいお金

1 일본은 자판기 천국이다. 전철역에도 빌딩 입구에도 가게 앞에도 자판기가 없는 곳이 없다. 음식점조차 식권 판매기로 음식을 팔고 있어서 동전이 필요하다. 편의점에서 물건을 사면 거스름돈으로 1엔까지 돌려 받으니 주머니 속이 어느새 쩔그렁 잔돈으로 가득 찬다.

2 애니메이션 전문학교에 다닐 때의 일이다. 학과가 학과다 보니 오타쿠가 있는 것은 당연지사. 그 중에서도 F군은 정말 별난 녀석이었다. 수업 시간에 딴짓하는 것은 기본이고, 가끔은 수업이 다 끝난 시간에 학교에 와서는 언제 수업이 시작되느냐고 묻기도 했다. 녀석은 문제아로 통했다.

~이/가 ~다 보니
~が~だけに
당연지사 当然の事

딴짓하다 ほかの事をやる
~ㄴ/는 기본이고
~は当たり前で

문제아 問題児

3 그러던 어느 날 그가 부탁을 했다. 천 엔만 빌려달라는 거였다. 아무도 그를 상대해 주지 않았기 때문에 좀 안됐다는 생각이 들어, 나는 순순히 그에게 돈을 빌려주었다. 이튿날 그는 내게 돈을 갚는답시고 500엔짜리 하나, 100엔짜리 4개, 10엔짜리 5개, 이렇게 동전으로 책상에 늘어놓는 게 아닌가. 게다가 합해보았더니 50엔 정도가 모자랐다. 몹시 열이 받아 F군에게 한마디 안 할 수 없었다. 그러나 당시 일본어가 아직 자연스럽지 않았던 나는 '지폐로 빌려갔으면 지폐로 갚아야지,

어느 날 ある日

상대하다 相手にする

안됐다 かわいそう
순순히 素直に

~는답시고 ~といって、
~という名目で

늘어놓다 並べる・散らかす
합하다 合わせる・合計する
열이 받다
腹が立つ、頭にくる

지폐 紙幣、お札

황당하다 面食らう

어이가 없다 呆れる

거래 取引・やり取り
녀석 ヤツ

엄연히 厳として・明らかに

대세가 되다 主流になる

아예 もともと・最初から
한 끼 때우다 食事する、
一食を食べる
현찰〈現札〉現金

왜 동전으로 갚느냐'고 이야기 하고 싶었지만 실제로 입에서 나온 말은…
"거스름돈으로 갚지마."

4 그렇지만 그의 반응이 더 황당했다. 그의 얼굴은 대체 무엇 때문에 내가 화를 내는지 모르겠다는 식이었다. 어이가 없어 일단 이야기를 그만두고 동전을 모아 챙겼다. 그 후 녀석하고는 거래가 없었지만, 나중에야 비로소 일본어로 잔돈과 거스름돈이 엄연히 다른 말이라는 것을 알았다. 잘 생각해보면 잔돈은 고제니(小錢)이고 거스름돈은 오쓰리(おつり)인 것이다.

5 2000년경을 기점으로 한국사회는 신용카드를 쓰는 것이 <u>대세가 됐다</u>. 한국에서는 만원 이하도 신용카드로 결제한다. 지갑이 가볍다. 한편 일본은 신용카드를 아예 받지 않는 곳이 많아 밥 <u>한 끼 때우려면</u> 현찰을 꼭 가지고 다녀

야 한다. 역 자판기 음료는 다행히 스이카 (SUICA) 등 전철 탈 때 쓰는 프리페이드 카드가 있어 잔돈이 없어도 마실 수 있게 되었다는 게 변화라면 변화라고 할 수 있을 정도.

~라면 ~라고 할 수 있다
~といえば~といえる
~을 정도 ~ほど

6 신용카드와 달리 현금은 당장 지갑에서 금액이 빠져나가는 것이 보이니 절약을 위해서는 좋겠지만, 그러려면 쩔그렁 쩔그렁 묵직한 동전 지갑과 친해져야 된다.

빠져나가다 出ていく・抜ける

묵직하다 ずっしり重たい

┃絵の中の말
자판기:自販機、삐:ピー、동전:小錢

ポイントとなる表現

① **~은/는 기본이고**：~は当たり前で、~はもとより

그는 영어는 기본이고 일본어, 스페인어까지 한다.
彼は英語はもとより、日本語、スペイン語までできる。

② **~ㄴ/는답시고**：~という名目で、~と言いながら

사업한답시고 매일 술 마시러 다닌다.
ビジネスをやると言いながら、毎日お酒ばかり飲み歩いている。

③ **~(이)라면 ~라(고) 할 수 있다**：~といえば~といえる

이번에 회장님을 만난 것이 성과라면 성과라 할 수 있다.
今回会長に会ったことが、成果といえば成果といえる。

小銭 — 自販機の天国

① 日本は自動販売機天国だ。電車の駅にもビルの入り口にも店の前にも自動販売機の無い所が無い。飲食店までもが自動販売機で食券を販売しているので小銭が必要だ。コンビニで買い物をするとおつりが１円単位まで返ってくるので、ポケットの中はいつの間にかじゃらじゃらと小銭でいっぱいになってしまう。

② アニメーション専門学校に通っていた時のことだ。学科が学科だけに、オタクがいるのは当然の事。その中でもＦ君は本当に変わったヤツだった。授業中に関係ない事をやっているのは当たり前で、時には授業がすっかり終った時間に学校にやって来ては、いつ授業が始まるのかと訊いてきたりもした。ヤツは問題児として知られていた。

③ そんなある日、彼がお願いをしてきた。千円だけ貸してほしいと言うのだった。誰も彼を相手にしなかったため、かわいそうに思って、僕は素直に彼

にお金を貸してやった。2日後、彼は僕にお金を返すんだと言って500円玉を一枚、100円玉を四枚、10円玉を五枚、という風に小銭で机の上に並べるではないか。その上、合計してみると50円ほど足りなかった。えらく腹が立って、F君にひとこと言わずにいられなかった。しかし、当時日本語がまだ流暢ではなかった僕は「お札で借りたらお札で返すべきだろう、どうして小銭で返すんだ」と言いたかったのに、実際口から出た言葉は…
「おつりで返すな」

④　だが、彼の反応にさらに面食らった。彼の顔は、いったいなぜ僕が怒ったのか分からないといった風だった。呆れてしまって、いったん話をやめ、小銭をかき集めて財布にしまった。それ以降、ヤツとはやり取りが無かったが、後になって初めて日本語ではチャンドンとコスルムトンは厳として違う言葉だということを知った。よく考えてみたら、チャンドンは小銭で、コスルムトンはおつりなのだ。

⑤　2000年頃を起点として韓国社会はクレジットカードを使うことが主流になった。韓国では、1万ウォン(日本円でおよそ千円)以下でもクレジットカード決済をする。財布が軽い。一方、日本ではクレジットカードがもともと使えない所が多く、食事をしようと思ったら必ず現金を持って歩かなければならない。駅の自動販売機の飲み物は、幸いにもスイカ等の交通系プリペイドカードが使えるので、小銭が無くても飲めるようになったことが変化といえば変化だと言える程度。

⑥　クレジットカードとは違って現金は、財布から金額が出て行ってしまうのがその場で見えるので節約のためには良いのだが、そうしようと思ったら、じゃらんじゃらんと小銭でずっしり重たい財布と付き合わなければならない。

タングニの한마디　3. 日本語

　日本語は、まず韓国で1年間勉強をしました。ひらがなから始めて1年で日本語能力試験(JLPT)1級を取りました。切羽詰まっていたので、毎日4時間勉強したのが功を奏したようです。しかし、実際の会話やイントネーションは、日本に来てアルバイトしながらその大部分を身につけました。

06 겨울
한국보다 춥다니?

매섭다 激しい·厳しい

두껍게 입다 厚着する

노출 露出
그저 ~을 수 밖에 없다
ただ~ほかない
감싸다 包み隠す

1 서울에서 겨울이 되면 매년 매서운 추위를 경험한다. 찬바람이 얼굴을 때리고 귀를 때린다. 아플 정도다. 옷을 <u>두껍게 입으면</u> 되지만 어쩔 수 없이 노출이 되는 얼굴은 <u>그저 최대한 감싸고 견딜 수 밖에 없다</u>. 이런 추위를 '매섭다'고 하는데, 매서운 추위를 일본에 와서는 경험

하지 못했다. 교토든 도쿄든 위도가 부산과 비슷한지라 살을 엘 만큼 춥지 않다. 내가 겪은 도쿄의 겨울은 한국의 늦가을 정도다. 지낼 만하다.

2 그러나 집안으로 들어가면 상황은 달라진다. 한국에서는 바닥부터 데우는 온돌이 난방의 기본이기 때문에 집안에서는 가벼운 옷차림으로 충분하다. 일본은 그렇지 않다. 바닥난방이 되는 집이 거의 없어서 겨울이 되면 바닥이 차갑다. 슬리퍼를 신지 않으면 바닥의 차가운 냉기가 발바닥을 타고 전달된다. 슬리퍼가 필수인 이유다. 온돌이 없으니 한국인들은 일본에서 겨울을 날 때 꼭 전기담요를 까는 이불 밑에 깐다. 한국인은 등이 차가우면 도무지 잠을 들 수가 없다.

3 2010년 겨울 연말에 규슈 일주 여행을 한 적이 있었다. 구마모토의 지인 집에 묵게 되었는데, 그곳은 전

~든 ~든　~であれ~であれ

에다　えぐる

늦가을　晩秋

~을만하다
~価値がある、~しやすい

난방　暖房

옷차림　身なり

겨울을 나다　冬を越す

깔다　敷く
도무지 ~을 수가 없다
まるっきり~ことができない

단독주택 一戸建て
얼음장같이 氷のように

지지다 ゆっくり温める
익숙하다 慣れている

데우다 温める

끌어안다 抱き抱える
~지 않고서는 ~을 수가 없다 ~なければ~できない

~고 나니 ~てからは、
~経験をしてからは

반면 反面

건조하다 乾燥する

~아/어서 혼나다
~して苦労する

통적인 일본 단독주택으로 바닥이 얼음장같이 차가웠다. 바닥이 차가우니 따뜻하게 등을 지지는 한국문화에 익숙한 나로서는 잠들기 힘들었다. 자기 전에 탕에 들어가서 몸을 데우고 이불 안에서 유탐포(湯たんぽ)를 끌어안지 않고서는 잠들 수가 없었던 것이다. 물론 그해 겨울이 유독 추웠던 것도 있을 것이다. 구마모토에 눈이 잔뜩 내려서 다니는 곳마다 눈을 구경했으니까. 그런 경험을 하고 나니 일본문화의 상당부분이 이해가 됐다.

④ 한국의 온돌은 따뜻해서 좋은 반면 열기가 아래에서 위로 전달되므로 건조해지기 쉽다. 일본에서 한국으로 유학을 간 사람들이 한국의 방안이 너무 건조해서 혼났다는 이야기를 한다.

⑤ 지금까지 일본에서 겨울을 나기 위해 낮에는 전기 카펫으로 밤에는 전기담요로 몸과 발을 데웠으나, 최근에

바닥난방이 되는 집으로 이사했다. 바닥난방이 되는 곳으로 이사하고 나니 천국이 따로 없다. 난방 기구 없이 바닥의 따스함만으로 어떤 일에든 몰두할 수 있고 고타쓰가 없어도 가족들과 한 공간에서 옹기종기 모여 놀 수 있다는 것. 앞으로는 바닥난방이 되지 않은 곳으로는 이사하기 어려울 것 같다는 생각이 든다. 밖이 추운 한국과 실내가 추운 일본. 한일 양국을 대표하는 풍경이다.

한편으로는 한국에서 난방으로 지나치게 많은 연료를 쓰고 있는 건 아닐까 하는 생각도 든다. 절약이냐 편리함이냐 그것이 문제로다.

~이/가 따로 없다
まさに~である
따스하다
やや暖かい・温もりがある
몰두하다 没頭する

옹기종기
仲良く集まっている様子

풍경 風景

절약 節約

絵の中の말

덜덜덜 : ぶるぶるぶる、 절약 : 節約

ポイントとなる表現

① ~ㄹ/을 만하다：~価値がある、~しやすい

정말 그 영화는 볼 만해요.
本当にその映画は見る価値がありますよ

② ~지 않고서는 ~ㄹ/을 수가 없다：

~せずには~できない、~せずにはいられない

그 빵은 정말 맛있어서 한입 먹으면 다 먹지 않고서는 견딜 수 없다.
そのパンは本当においしいので、一口食べると全部食べずにはいられない。

冬 — 韓国より寒いって？

1 ソウルでは冬になると毎年厳しい寒さを経験する。冷たい風が顔を打ち、耳を打つ。痛いほどだ。厚着すればいいのだが、どうしても露出する顔は、できるだけ隠してただ耐えるほかない。このような寒さを「厳しい」というのだが、厳しい寒さを日本に来てからは経験したことがない。京都も東京も、緯度が釜山とほぼ同じなので肌をえぐるほど寒くない。僕が経験した京都の冬は、韓国の晩秋程度である。過ごしやすいのだ。

2 しかし、家の中に入ると状況が変わる。韓国では床から暖める「オンドル」が暖房の基本なので、家の中では薄着で充分である。日本はそうではない。床暖房が可能な住宅はほとんどなく、冬になると床が冷たい。スリッパを履かないと床の冷たい冷気が足の裏から（全身に）伝わる。（これが）スリッパが欠かせない理由だ。オンドルがないので、韓国人は日本で冬を越す時必ず電気毛布を敷布団の下に敷く。韓国人は背中が冷たいと、全く眠ることが出来ない。

③ 2010年冬、年末に九州一週旅行をしたことがある。熊本の知人の家に泊まることになったのだが、そこは伝統的な日本の一戸建てで、床が氷のように冷たかった。背中をぽかぽかに温めてくれる韓国文化に慣れている僕としては、床が冷たいせいでなかなか寝付けなかった。寝る前に湯船に浸かって体を温めてから、布団の中で湯たんぽを抱きかかえずには寝付くことが出来なかったのだ。もちろん、その年の冬がとりわけ寒かったという事もあるのかもしれない。熊本に雪がいっぱい降り、行く先々で雪見ができたくらい寒かったのだから。そんな経験をしてからは、日本文化のかなりの部分が理解できた。

④ 韓国のオンドルは暖かくてよい反面、熱気が下から上に伝わるため乾燥しやすい。日本から韓国へ留学に行った人たちが、韓国の部屋の中はものすごく乾燥するためひどい目にあったと語る。

⑤ 日本で冬を越すため、今まで、昼間は電気カーペット、夜は電気毛布で体と足を温めていたのだが、最近床暖房が可能な家へと引っ越した。床暖房ができる場所へと引越してみると、まさに天国に他ならない。暖房器具なしで床の暖かさだけでどんなことにも没頭できるし、コタツがなくても家族がひとつの空間に仲良く集まって遊べること。今後、床暖房のないところへ引っ越すのは難しい気がする。外が寒い韓国と、室内が寒い日本。日韓両国を代表する光景だ。

一方で韓国は暖房にあまりにも多くの燃料を使っているのではないかという気もする。節約か、便利さかそれが問題だ。

タングニの한마디　4. アニメ

1997年にスタジオジブリの『천공의 성 라퓨타（天空の城ラピュタ）』というアニメを見たことがアニメに関心を持つようになったきっかけでした。その当時あまりにも面白かったので、直接日本に行ってアニメーターになることで日本のアニメの底力を知りたいと思いました。そこでアニメーション専門学校を卒業し、その後は希望どおりアニメーション制作会社で働くことができました。

07 백엔숍

디플레 쇼핑천국?

1 100엔숍. '뭐든지 100엔'이라는 문구가 마음에 들었다. 싼 물건은 품질이 좋지 않아 싸구려라는 인식이 있지만, 100엔숍이 꼭 필요한 사람도 있다.

2007년 도쿄에서 혼자 살게 됐을 때 변두리에 살 집은 구했고, 가전제품도 유학생

싸구려 安物

변두리 郊外、はずれ

가전제품 家電製品

커뮤니티를 통해 구했다. 문제는 생필품이었다. 당시 나는 조리도구부터 비누, 치약에 이르기까지 아무것도 없었다. 비싼 물건은 언감생심. 안정적인 수입이 생길 때까지 버텨야 했다. 그때 100엔숍이 있었다.

생필품 生活必需品

~기까지 ~するまで

언감생심〈焉敢生心〉
到底考えられないこと
버티다 堪える

2 당장 필요한 것이 그릇과 숟가락이었다. 일본에서 식사할 때는 젓가락만 쓰지만 밥과 함께 국을 주로 먹는 한국인에게 숟가락은 필수. 100엔숍에서 찾아 보니 어린이용만 있었지만 <u>찬밥 더운 밥 가릴 때가 아니었다</u>. 하나 골라서 넣고, 차가운 바닥을 견디기 위한 슬리퍼, 프라이팬과 부엌칼과 도마, 설거지를 위한 고무장갑도 샀다. 그 외 여러 가지 물건을 골랐는데 2000엔 정도 했다. 싼 값에 <u>한 살림 장만한</u> 것이다.

필수 必須

찬밥 더운 밥 가릴 때가 아니다
選り好みする場合ではない

도마 まな板
설거지 皿洗い
고무장갑 ゴム手袋

한 살림 장만하다
生活用品を新調する

3 100엔숍에 들어가면 놀라는 것이 두 가지 있다. 가구만 빼고 음료수부터 학용품, 속옷까지 없는 게 없다는

학용품 学用品
속옷 下着

깔끔하다
すっきりと、さっぱりと
진열 陳列

다를 바 없다 ほぼ変わらない

전기 코드 연장선
電気の延長コード

일터 仕事場

시중 〈市中〉町中

이를테면 いわば
~은 것 말이다
~のようなことだ
만능 万能

값어치 価値
가격이 매겨지다
価格がつけられる

것. 또 하나는 물건들이 깔끔하게 진열이 되어 있어서 대형 마트에서 쇼핑하는 느낌과 거의 다를 바 없다는 점이다.

　나중에 새로 사무실을 열었을 때 필요한 물건은 100엔숍에서 샀다. 비싸고 좋은 물건이 아니어도 좋았다. 필요한 물건이 꼭 100엔숍에 있었다. 전기 코드 연장선, 머그컵, 포스트잇, 각종 볼펜까지. 집안 살림부터 일터 사무용품까지 100엔숍은 늘 원하는 물건을 구비할 수 있게 해줬다.

4　요즘도 필요한 것이 있으면 먼저 100엔숍에 가 본다. 시중에서 비싸게 살 수 밖에 없는 물건을 100엔숍에서 발견했을 때는 마치 보물을 발견한 기분이다. 이를테면 아이폰 충전기 같은 것 말이다. 물론 100엔숍이 만능은 아니다. 일본에서 물건을 써 보면서 느낀 것이지만, 모든 것은 값어치만큼 가격이 매겨진다. 그래서 정말 오래 쓰고 싶은 물건이 있으면 100엔숍이 아닌 다른 곳을 찾기도 한다.

5 패스트 패션이 유행하는 것은 모든 품질이 좋아서가 아니라 그때 그때 필요한 옷을 적당한 가격에 구할 수 있기 때문일 것이다. 100엔숍이 더 이상 필요하지 않을 정도로 경제적 여유가 생길지라도 난 100엔숍에 들를 것 같다. 100엔 숍엔 '싼 게 비지떡'이 아닌 물건도 있으니까.

구하다 手に入れる

~ㄹ/을지라도 ~たとしても

싼 게 비지떡
安かろう悪かろう

絵の中の말

무엇이든 : 何でも、야호 : やほー

ポイントとなる表現

① **찬밥 더운 밥 가릴 때가 아니다**

：選り好みしている場合ではない（選択肢がないとき）

지금 찬밥 더운 밥 가릴 때가 아니니 우선 이 일이라도 하자.
今選り好みしている場合じゃないから、取りあえずこの仕事でもやろう。

② **~ㄹ/을지라도**：~たとしても

당신이 설령 실패할지라도 결코 비난하거나 하지 않겠어요.
あなたが仮に失敗したとしても、決して非難したりしません。

100円ショップ ― デフレの買い物天国？

① 100円ショップ。「何でも100円」というコピーが気に入った。低価格な物は品質が良くないから安物だという認識があるが、100円ショップがどうしても必要な人もいる。

2007年、東京で一人暮らしすることになった時、郊外に住まいは見つかって、家電製品も留学生コミュニティーを通じて手に入れた。問題は生活必需品だ。当時僕は調理道具から石鹸、歯磨き粉に至るまで何もなかった。高価なものは到底買えない。安定した収入が得られる時まで、堪えなければならなかった。そんな時に100円ショップがあったのだ。

② すぐに必要なものは食器とスプーンだった。日本で食事をするときは箸のみを使うが、ご飯と一緒に汁物をよく食べる韓国人にとってはスプーンが必須だ。100円ショップで探してみると子供用しかなかったが、選り好みしている場合ではなかった。それをひとつ選んで、冷たい床に耐えるためのスリッパ、フラ

イパンと調理用包丁とまな板、洗い物をするためのゴム手袋も買った。その他にも色々なものを選んだのだが、2千円くらいで済んだ。生活用品を安く新調したのだ。

③ 100円ショップに入ると、驚くことが二つある。家具以外はジュースから学用品、下着まで無いものが無いということ。もうひとつは商品がすっきりと陳列されており、大型ショッピングセンターで買い物する感じとほぼ変わらないという点だ。

　後に新しくオフィスを開いた際に、必要なものは100円ショップで買った。高価で質の良いものでなくてもよかった。必要なものはいつも100円ショップにあった。電気の延長コード、マグカップ、ふせん、各種ボールペンまで。家庭での生活用品からオフィスの事務用品まで、100円ショップは必要な物をいつでも手に入れさせてくれた。

④ 最近も、必要な物があればまず100円ショップに行ってみる。町中では高く買うしかない品物を100円ショップで見つけた時は、まるで宝物を発見した気分だ。いわばアイフォンの充電器のようなもののことだ。もちろん100円ショップは万能ではない。日本で品物を使ってみながら感じたことだが、すべての物は価値に応じた価格がつけられる。だから本当に長い間使いたい物があれば、100円ショップではなくほかのところを訪ねたりする。

⑤ ファストファッションが流行っているのは、品質が良いからというわけではなく、その時その時必要な服を手頃な値段で手に入れられるためだろう。100円ショップがもうこれ以上必要ではないくらい経済的余裕が出来たとしても、僕は100円ショップに立ち寄ると思う。100円ショップには「安かろう悪かろう」ではない物もあるから。

タングニの한마디　5. 仕事

　テレビで実際に放映されるアニメーションを描く仕事は楽しかったのですが、給料が多くなかったため、家庭を持っている人間が生計を立てるのは難しかったです。でも、会社に入って日本人と7年間いっしょに働きながら、日本語はもちろんのこと、日本人の生活をよく見ることができたので理解が進みました。

08 전철
급행이 좋다

거리낌없 はばかりなく

떠들썩하다 うるさい、にぎやかだ

1 한국 전철 안도 많이 조용해졌다. 스마트폰이 바꾸어 놓은 풍경이다. 한국에서는 전철 안에서도 누구나 거리낌없이 통화를 할 수 있다. 그래서 스마트폰 등장 이전에는 휴대전화 통화로 떠들썩했지만 이제는 모두 스마트폰의 라인이나 카카오톡으로 하고 싶은 이야기를 주

고 받으니 조용하다.

 일본 전철은 스마트폰 등장 전에도 정말 조용했다. 휴대전화 통화를 하지 않는 까닭에. 침묵의 카르텔 같다. 많은 일본인이 전철에서 문고판 책이나 만화잡지, 또는 신문을 읽으며 전화통화를 자제했었다. 스마트폰이 등장하고 나서도 바뀐 것이 많지 않아 보인다. 일본에서 전철을 타면 나도 입을 다물고 스마트폰을 만지작거리거나 책을 펴 들고 공부한다.

까닭이다 理由だ

문고판〈文庫版〉文庫本

자제 自制
~했었다 ~ていた（過去完了）

입을 다물다 黙る

만지작거리다 いじる

2

 일본에서 전철을 타면 두 가지 불문율이 신경 쓰인다. 하나는 전화 통화. 법으로 정해져 있지 않지만 아무도 전화통화를 하지 않기 때문에 전화가 걸려와도 받지 못할 때가 있다. 한국이었다면 전화를 받았을 텐데, 가끔 통화가 필요할 때가 있어도 받을 엄두를 못 낸다.

 또 하나는 노약자석에서 휴대폰 전원을 꺼야 한다는 것. 한국과는 달리 일본에서는 젊은 사람도 주위 시선에 크게 개의치 않

불문율 不文律
신경(이) 쓰이다 気になる
cf. 신경을 쓰다 神経を払う

~을 텐데 ~であろうに、
~なはずなのに
~을 엄두를 못 내다
~気になれない
노약자석〈老弱者席〉優先席

개의치 않고 無頓着に

~기 일쑤다
しょちゅう~する

심장 박동기〈心臟搏動機〉
ペースメーカー

잔소리 小言

완행 鈍行、各駅停車
~뿐 아니라 だけではなく
급행 急行

외곽〈外郭〉近郊

생소하다 珍しい、見慣れない
덕에 おかげで
월세〈月貰〉家賃

거미줄 クモの巣
이어지다
張り巡らされる・つながる
흠 欠点
~이라면 ~이지만
~といえば~だが

고 노약자석에 앉기 일쑤다. 다만 스마트폰을 썼다가는 누군가로부터 한소리 들어야 한다. 노약자석에 심장 박동기 등을 장착한 사람이 있을 수 있기 때문이라고 하는데 그보다는 잔소리가 더 신경 쓰인다.

3 교토에서 도쿄로 왔을 때 전철 중에 완행뿐 아니라 급행이 있다는 것이 신기했다. 그때까지만 해도 서울의 전철은 대부분 완행이었고 일부 인천행 열차만 출퇴근시 급행이 운행되고 있어서 이용한 적이 없었다. 서울에서도 도심을 다니는 전철 중에서 9호선부터 급행이 생겼지만, 15년 전 내게 도쿄 외곽에서 도심을 향하는 급행은 생소했다. 하지만 급행 덕에 도심에서 좀 떨어진 곳의 집을 비교적 싼 월세로 얻을 수 있었다.

4 도쿄에는 전철 노선이 거미줄처럼 이어져 있다. 전철비가 비싼 게 흠이라면 흠이지만 수도권에 산다면 누

구나 그리 어렵지 않게 먼 거리를 전철만으로 다닐 수 있다. 거대한 네트워크처럼 연결된 노선도를 보면 일본인의 성격이 드러난다. 촘촘하고 꼼꼼한. 그래서 그런지 전철 안의 매너도 통일이 되어 있다.

드러나다 表われる

꼼꼼하다 几帳面だ

5 일본 전철의 장점은 출퇴근 시간에 확연히 드러난다. 도로가 좁아서 출근시간에 차들이 아무리 빨리 달려도 4~50킬로미터 정도다. 급행전철로 20분 걸릴 거리를 차로 가면 1시간 정도 걸린다. 급행을 타면 막힘 없이 원하는 목적지까지 빠르게 가고 있다는 느낌을 받는다. 그때마다 전철은 정말 '일본인의 신발이구나'라는 생각을 하게 된다.

장점〈長点〉長所

확연히 드러나다
はっきり表れる

막힘 없이
渋滞なしで、止まることなく
느낌을 받다 感じを受ける

絵の中の말

안녕? : やあ、뭐하냐, 통화 가능? : 何してんの、今話せる？
전철 : 電車、알았어… : わかった

ポイントとなる表現

① **~ㄹ/을 엄두를 못 내다**：~する気になれない

그 차는 너무 비싸서 살 엄두를 못 낸다.
その車は高すぎて買う気になれない。

② **~(이)라면 ~(이)지만**：~といえば~だが

그게 그 사람의 장점이라면 장점이지만.
それがその人の長所といえば長所だけど。

電車 ― 急行がいい

1 韓国の電車の中もだいぶ静かになった。スマホが、携帯電話に取って代わった光景である。韓国では電車の中であっても誰もが遠慮なく通話可能だ。だから、スマホの登場以前は携帯電話の話し声でにぎやかだったのが、今ではほとんどスマホの LINE やカカオトークで話したいことをやり取りするので静かだ。

日本の電車内はスマホの登場以前でも本当に静かだった。携帯電話で通話しないからだ。沈黙のカルテルのようだ。多くの日本人は電車の中で文庫本を読んだり漫画雑誌を読んだり新聞を読んだりして、電話での通話を自制していた。スマホの登場後も変化したことは多くないように見える。日本で電車に乗ると、僕も黙ってスマホをいじったり、本を開いて勉強をしている。

2 日本で電車に乗る時は 2 つの不文律が気になる。ひとつは通話だ。法で決められてはいないが誰も通話しないため、電話がかかってきても出られない時がある。韓国だったなら電話に出たはずなのに、たまに通話が必要な時であっても、電話に出る気になれない。もうひとつは、優先席で携帯電話の電源を切らなければならないということ。韓国とは違って日本では、若い人たちがしょっちゅう

無頓着に座るのが普通だ。そこでヘタにスマホを使ってしまうと誰かからひとこと文句を言われることが多い。優先席にはペースメーカーなどを装着した人がいる可能性があるからだというが、その事より誰かの小言が余計気になってしまう。

③ 京都から東京に来たとき、電車に各駅停車だけではなく急行があるということが珍しかった。その頃はまだソウルの電車の大部分が各駅停車であり、インチョン行きの一部の電車だけがラッシュ時に急行で運行されていたが利用したことはなかった。ソウルでも都心を走る電車のうち9号線以降は急行ができたが、15年前の僕にとっては、東京の近郊から都心に向かう急行は物珍しかった。しかし急行のおかげで、都心から少し離れたところに安い家賃で家を借りることができた。

④ 東京の場合、電車の路線がクモの巣のように張り巡らされている。電車代が高いのが欠点といえば欠点だが、首都圏に住んでいれば誰もが電車のみでほぼ困難なく遠距離の行き来が可能だ。巨大なネットワークのように繋がっている路線図を見ると、日本人の性格が表われている。細かくて、几帳面。そのためか、電車内のマナーも統一されているのだ。

⑤ 日本の電車の長所は通勤時間帯にはっきり表われる。車だと通勤時間帯にどんなに速く走ったとしても道路が狭いため、40～50キロ程度しか進めないが、車で一時間かかる距離を急行電車なら20分くらいで行ける。急行に乗ると、目的地まで渋滞なしで早く向かっているという感じを受ける。その度に、電車は本当に「日本人の履き物だな」とつくづく思うのである。

タングニの한마디 6. ブログ

韓国で「タングニ」というペンネームで知られるようになったのは、ブログのおかげでした。コツコツと描いたマンガとエッセイをブログに連載していたのですが、それが出版社の目にとまり韓国で本として出版されました。日本に関する書き手として、いっとき韓国である程度知られる存在になりました。

09 자전거

일본의 미니 자가용

왕국 王国

~아/어서가 아니다
~からではない
밀착되다 密着する

단속 取り締まり

어린이집 保育園

동아리활동 部活
깔깔대다 げらげら笑う

1 일본은 자전거 왕국이다. 차가 없어서가 아니다. 자전거가 생활에 밀착되어 있으니까. 경찰이 자전거를 타고 교통신호 위반 단속을 한다거나 아이를 앞뒤로 태우고 어린이집에 아이를 맡기러 가는 엄마의 모습을 보면서 그걸 느낀다. 중고생들이 동아리 활동을 마치고 깔깔

대며 자전거로 집에 가는 모습을 봐도 그렇다.

2 수도권에서 자전거 없이 생활하는 건 피곤한 일이다. 장 보기, 공원 가기, 도서관에 가서 책 읽기, 아이와 병원 가기 등 이 모든 것이 자전거를 통해 이루어진다. 자가용이나 대중교통은 어떨까? 자전거만 있으면 반경 2~3km 안에 있는 모든 편의시설을 이용할 수 있는데, 굳이 기름값이 드는 자가용을 몰거나, 왕복 3~400엔이나 하는 버스비를 지출할 필요는 없을 것이다. 출퇴근 할 때나 주말에 놀러 갈 때를 제외하고, 자전거는 누구나 이용할 수 있는 일본인의 미니 자가용이다.

3 그렇다고 해서 일본에 따로 자전거도로를 만들어 놓은 것은 아니다. 그저 사람들이 다니는 인도를 자전거도 지나갈 수 있도록 해 놓은 것뿐이다. 넓이만 놓고 보자면 자전거가 많이 다니는 일

수도권 首都圏

이루어지다 なされる
자가용 マイカー
~만 있으면 ~さえあれば
반경 半径
편의시설 便利な公共施設

기름값 ガソリン代

없을 것이다 ないだろう

제외하다 除く

그저 ただ、単に
인도〈人道〉歩道
~ㄹ/을 수 있도록
　ができるように
넓이 幅・広さ

09 자전거　057

~에도 불구하고
~にもかかわらず

인프라 インフラ
의식 意識
~다가 ~ている途中で、
~シていて

시도해 보다 試みる

턱이 높다 段差が大きい
패인 곳 くぼんでいる場所

점령 占領

~기조차 ~することさえ

헬스클럽 ジム

따로 別途

보행자 歩行者

본의 인도가 한국보다 넓지 않다. 그럼<u>에도 불구하고</u> 일본에서 자전거를 타는 것이 일반적인 풍경이 된 이유는 무엇일까? 바로 인프라와 사람들의 의식이다. 일본에서 살다가 한국 들어가 살 때의 일이다. 아이를 어린이집에 데려다 줄 때 자전거를 이용하려고 몇 번이나 <u>시도해 보았지만</u> 어려웠다. 우선 인도와 인도 사이에 <u>턱이 높고</u> 패인 곳도 있어서 다니기가 힘들었다. 좀 더 근본적인 문제는 길가 가게의 물건들이 인도를 점령하고 있고, 좀 넓은 곳은 자동차까지 주차해 놓아 인도를 막고 있다. 걸어서 지나가기조차 어려울 때도 있을 정도다. 길의 너비가 아니라 사람들의 의식과 단속의 문제다. 사정이 이러다 보니 한국에서는 가까운 할인점이나 헬스클럽에 가기 위해 자동차를 몰고 집을 나서게 된다.

4 물론 일본에도 자전거도로가 따로 없어서 불편한 점도 있다. 보행자는 뒤에서 자전거가 따르릉 하고 벨을

울리면 길을 비켜 줘야 한다. 한국에서는 익숙지 않은 풍경이고 가끔 귀찮기까지 하다. 그래도 일본에서는 자전거 한 대만 있으면 근처의 쇼핑부터 취미생활까지 모두 가능하다. 무엇보다 이산화탄소를 배출하지 않는다는 점이 좋다.

5 자전거가 취약인 경우도 물론 있다. 짐이 아주 많거나, 비가 올 때, 추울 때. 그때는 자동차의 시동을 건다. 그래도 날씨가 좋은 날, 자전거로 상쾌한 바람을 맞으며 페달을 밟는 기분! 운동도 되고 친환경적이고. 일석이조다.

길을 비키다
道をあける、よける
~까지 하다 ~もある

무엇보다(도) 何よりも
배출 排出

취약 苦手（ネコイラズ）

시동을 걸다
エンジンをかける

친환경적 〈親環境的〉
環境にやさしい
일석이조 一石二鳥

▌絵の中の말
일본 : 日本、한국 : 韓国

ポイントとなる表現

① ～다가 : ～する途中で、～していて

집에 가다가 백화점에 들러서 옷을 샀어요.
帰宅の途中でデパートに寄って洋服を買いました。

미국에 살다가 어제 귀국했어요.
アメリカに住んでいて昨日帰国しました。

② ～ㄹ/을 수 있도록 : ～することができるように

방을 잘 정리할 수 있도록 도와 줬다.
部屋をちゃんと片づけられるように手伝った。

自転車 ― 日本のミニマイカー

1 日本は自転車王国だ。自分の車がないからではない。自転車が生活に密着しているからである。おまわりさんが自転車に乗って信号無視の取り締まりをしたり、子供を自転車の前後に乗せて保育園に預けに行くお母さんたちの姿を見たりする際にそれを感じる。中高生たちが部活を終えて楽しそうにお喋りしながら自転車に乗って帰る姿を見てもそうだ。

2 首都圏では自転車無しで生活するのはしんどい事と思う。買い物、公園に遊びに行く、図書館に行って本を読む、子供を連れて病院にいくなどのすべてが自転車を通じて成り立っている。マイカーや公共交通機関ではどうだろうか？自転車さえあれば半径2～3ｋｍの範囲内にあるすべての公共施設などを利用できるため、ガソリン代のかかる車をあえて走らせたり、往復300～400円もするバス代を出す必要はないだろう。通勤や週末遊びに出かける場合を除いて、自転車は誰もが利用できる日本人のミニマイカーなのだ。

❸ だからといって日本で自転車専用道路が別途作られているわけではない。ただ単に、人々が行き交う歩道を自転車も通ることができるようにしてあるだけだ。歩道の幅だけに限って言えば、自転車がたくさん通っている日本の歩道が韓国より広いわけではない。それにもかかわらず、日本において自転車に乗ることが一般的な光景となった理由は何なのだろうか。他ならぬインフラと人々の意識である。日本で暮らしている途中で、しばらく韓国へ帰国して暮らした時のことだ。子どもを保育園に連れて行く時、自転車を利用しようと何回かトライしてみたのだが、大変だった。まず歩道と歩道の間の段差が大きく、くぼんでいる場所もあったため通行が困難だった。更に根本的な問題は、店の商品が歩道を占領しており、もう少し広い所は車までも駐車されていて歩道が塞がれている。人が歩いて通ることすら困難なときがあるほどだ。道幅ではなく、人々の意識と取締りの問題である。このような事情から、韓国では近くの大型スーパーやスポーツジムに行くために車を走らせて出かけることになる。

❹ もちろん日本も、自転車専用道路が別にないために不便な点もある。通行人は後ろから自転車にチリンチリンとベルを鳴らされたら、道をあけなければならない。韓国では見慣れない光景であり、時に面倒くさくもある。それでも日本では自転車が1台あれば、家の近所でショッピングから趣味まですべての事が可能である。何よりも二酸化炭素を排出しないという点が良い。

❺ 自転車が不向きな場合ももちろんある。荷物がとても多い場合や雨の時、寒い時。その時は車のエンジンをかける。でも、天気がよい日に、爽やかな風を受けながらペダルを踏む気分といったら！ 運動にもなり、環境にも優しい。一石二鳥である。

タングニの한마디　7. 韓国で出版した本

　はじめは、留学生活のドタバタをマンガに描いて2冊出版をしましたが、その後はマンガではなくエッセイを出版することになりました。その後、さらに日本語教材も3冊ほど出版しました。この日本語教材を出したことが、後に韓国語教室を運営する際に役立ったとも言えます。

10

차

정확히 정지선을 지키는 일본

딱딱 지키다 ぴったり守る

~에 비해 に比べて
매너 マナー

경적 〈警笛〉 クラクション

1 "정지선, 딱딱 지키는데 정말 놀랐어!"

한국에 비해 일본이 운전매너가 좋다고 한다. 한국에서 운전해 본 적이 없는 나로서는 직접 비교하기 어렵다. 그러나 일본에 살면서 자동차 경적 소리를 들은 적은 많지 않다. 일본의 운전자는 앞차가 약간 늦게

출발해도 재촉하지 않는다. 누군가 끼어들기를 할 때도 친절하게 <u>길을 내준다</u>. 예전에 한국에서 놀러 온 지인이 한 말이 생각난다. 일본에 와서 자동차가 정지선을 정확하게 지키는 것을 보고 정말 놀랐다고. 그때마다 한국의 난폭운전과 일본의 얌전운전이 많이 비교된다고. 일본의 운전습관만큼은 배워야 한다고 이야기한다. 반면, 일본에서 한국으로 놀러 간 사람들은 한국에서는 무서워서 운전을 못할 것 같다고 한다.

재촉하다 催促する
끼어들다 割り込みする
길을 내주다 道を譲る

난폭운전 乱暴な運転
얌전운전 おとなしい運転

2 한국의 도로는 대부분 왕복 4차선에서 6차선이 많지만, 일본은 대부분 왕복 2차선, 많아야 4차선이다. 길이 좁아서 급할 때도 추월하기 쉽지 않다. 그냥 천천히 가야 한다. 게다가 정지선을 잘 지켜야 한다. 정지선을 지키지 않고 무턱대고 앞으로 나갔다가는 좌회전해서 들어오는 차량하고 <u>부딪치기 십상이다</u>. 안 지키려야 안 지킬 수 없는 상황. 제한 속도도 30~60km/h정도라 그 이상으로 달렸다

추월 〈追越〉追い越し

무턱대고 むやみに

~았/었다가는 ~てしまうと

~기 십상이다 ~がちだ、
~がおちだ

잡히다 捕まる	

속도 위반 スピード違反

씽씽 달리다
びゅんびゅん走る

단연 断然

~을 뿐더러 ~ばかりか

터무니 없다 とんでもない

요금을 물다
(罰金・延滞金などが嫌で)
いやいや料金を払う

여러모로 様々な面で

가 경찰에 잡히는 경우도 있다.

③ 신기한 것은 고속도로에 속도 위반 단속 카메라가 많지 않다는 것. 한국에서는 차가 씽씽 달리다 보면 항상 구간별로 속도 위반 단속 카메라가 있어, 내비게이션이 띠링 띠링 시끄럽게 떠드는데 일본에서는 그런 일이 거의 없다.

④ 수도권에 한해서 한국과 일본의 가장 큰 차이는 단연 차를 가지고 출근을 하지 않는 것이다. 도쿄 도심에 있는 많은 회사가 사원들을 위한 주차장을 따로 가지고 있지 않을 뿐더러 근처 유료 주차장은 장시간 주차 시 터무니 없이 비싼 주차요금을 물어야 하니 차를 가지고 나갈 엄두가 나지 않는다. 게다가 길이 좁으니 속도를 빨리 낼 수가 없어 여러모로 출근용으로 차를 가지고 다니기는 불편하다. 사정이 이렇다 보니 출근시간의 교통량이 그리 많지 않다. 도쿄에 있다가 서울에 가면 출

퇴근 시간대에 도로에 늘어선 많은 차량에 놀란다. 웬만한 사람들은 모두 차를 가지고 다니니까.

5 좁은 길, 느린 운전. 이런 운전습관 덕분에 보행자는 안심하고 길을 건널 수 있다. 신호등에 빨간 불이 들어오면 사람이 있든 없든 차량은 무조건 정지하기 때문이다. 자동차 문화는 한 나라의 문화를 알 수 있는 가장 좋은 바로미터다.

늘어서다 列をなす・並ぶ

웬만한 大抵の

바로미터 バロメーター

■ 絵の中の말

끼익 : キーイッ

ポイントとなる表現

① **~았/었다가는**：〜してしまうと

사람을 함부로 때렸다가는 경찰서에 가야 할 수도 있다.
人をむやみに殴ってしまうと、警察署に行かなければならない
こともある。

② **~기 십상이다**：〜のがオチだ

술을 매일 마시다가는 몸을 망치기 쉽상이다.
お酒を毎日飲んでいては、体を壊すのがオチだ。

③ **~ㄹ/을 뿐더러**：〜ばかりか

그는 거짓말을 했을 뿐더러 사기까지 쳤다.
彼は嘘をついたばかりか、詐欺まで働いた。

クルマ ― 正確に停止線を守る日本

1　「停止線をきちんと守る事に、本当に驚いたよ！」
　韓国に比べて日本が運転マナーが良いという。韓国で運転したことがない僕としては、直接比較するのが難しい。しかし、日本で暮らしている間、車のクラクションの音を聞いたことは多くない。日本のドライバーは、前の車が若干遅く発車したとしても催促しない。誰かが割り込みする時も、すんなりと道を譲る。以前、韓国から遊びに来た知人が言っていたことが思い出される。日本に来て、車が停止線を正確に守るのを見て本当に驚いたと。その度に、韓国の乱暴な運転と、日本の優しい運転の違いがはっきりすると。日本の運転習慣こそ学ばなければならないと言う。その一方、日本から韓国へ遊びに行った人たちは、韓国では怖くて運転できそうにないと言う。

② 韓国の道路は大体、往復4車線から6車線が多いが、日本は大部分が往復2車線で多くても4車線だ。道が狭いので、急いでいる時でも追い越すのはラクではない。そのままゆっくりと進まなければならない。その上、停止線をちゃんと守らないといけない。停止線を守らずにむやみに前に進んでしまうと、左折して進入してくる車輌とぶつかるのがオチだ。守らないようにしようとしても、守らないわけには行かない状況。制限速度も30〜60キロくらいなので、それ以上で走ったら運悪く警察に捕まる場合もある。

③ 不思議なのは、高速道路にスピード違反の取り締まりカメラが多くないということ。韓国では車がびゅんびゅん走ったとすると、常に区間ごとにスピード違反の取り締まりカメラがあるため、カーナビがティリンティリンとうるさく騒ぐのだが、日本のカーナビはそのようなことがほとんど無い。

④ 首都圏に限って言えば、韓国と日本の最も大きな違いは断然、車で出勤しないということだ。東京の都心にある多くの会社が社員のための駐車場を別途所有していないばかりか、周辺の有料駐車場に長時間駐車した場合は、とんでもなく高い駐車料金を払わなければならないため、とても車で出勤する気にならない。その上、道が狭いのでスピードを出せず、さまざまな面で車で通勤するのはラクではないのである。このような事情から通勤時間帯の交通量がそれほど多くない。東京に暮らしている途中でソウルへ行くと、通勤の時間帯に道路に列をなす多くの車輌に驚く。大抵の人はみな車に乗って移動するからだ。

⑤ 狭い道、ゆっくりした運転。このような運転のおかげで歩行者は安心して道を渡ることも出来る。赤信号になれば、人がいようがいまいが、車はとにかく停車するからだ。自動車文化は、一国の文化を知ることが出来る最も良いバロメーターである。

11 길

길에 없는 두 가지?

왜일까? なぜだろうか

~다는 것을 ~ということを

날씨가 화창하게 개다
うららかに晴れる

① 교토에 처음 왔을 때 느낀 것은 '일본 거리가 정말 깨끗하다' 였다. 왜일까? 그땐 그 이유를 잘 몰랐다. 길거리에 주차된 차량이 거의 없다는 것을.

② 날씨가 화창하게 갠 날이다. 친구네 집에 놀러 가기로 했는데

차로 갈까? 전철로 갈까? 차를 몰고 가자면 미리 확인해두어야 할 것이 있다. 가려는 집에 주차할 공간이 있느냐. 그 집 주위에 아무데나 주차해두었다가는 주차 위반 딱지를 떼이기 십상이니까. 단독 주택 중에서 큰 것이라면 세울 공간이 있겠지만 그렇지 않다면 역시 근처에 싼 주차장이 있는지 알아 보는 것이 필수이다. 장시간 머물 생각이라면, 주차요금이 하루 최대 얼마라는 표시가 있는 곳을 찾아야 한다. 안 그랬다가는 배보다 배꼽이 더 클 수 있다. 친구와 만나서 쓰는 돈보다 주차비가 더 나온다는 말씀.

3 한국인이 일본의 주거 형태에서 가장 의아해하는 부분이 주차장이다. 한국에서는 집합주택인 빌라나 아파트에 계약하고 입주하면 당연히 주차장은 무료로 쓸 수 있다. 일본에서는 차고지 증명이 되지 않으면 차를 살 수 없으니 주차장을 계약하는 것이 우선이다. 단독 주택이

차를 몰고 가다
車を運転していく

~느냐 ~か

딱지를 떼이다
切符を切られる

머물다 止まる

배보다 배꼽이 더 크다
本末転倒（←腹よりへそのほうが大きい）
~ㄴ/는다는 말씀
というお話

주거 형태 住居形態

의아해하다 いぶかしく思う

빌라 マンションの一種

단독 주택 戸建て
비좁다 狭い

아무렇게나 いいかげんに

~만이 아니라 だけではなく

색다르다 異色だ

유인 有人

일일이 いちいち

마주치다 遭遇する

많은 일본 골목에는 왜 그렇게 차들이 비좁은 자기집 앞의 작은 공간에 차를 세워두는지 알게 됐다. 주차단속이 심해서 거리에 아무렇게나 주차할 수가 없다. 일본 거리가 매우 깨끗해 보이는 건 꼭 휴지나 쓰레기가 없기 때문만이 아니라 길거리에 주차된 차량이 없기 때문일 것이다.

④ 일본에 있는 유료 주차장의 대부분이 자판기처럼 동전을 넣고 정산하는 시스템을 도입하고 있는 것도 색다르다. 한국에는 아직 유인 주차장이 많아 차를 뺄 때는 일일이 관리자에게 이야기하고 요금을 내야 한다.

⑤ 일본 거리가 깨끗한 또 하나의 이유는 포장마차 등 노점이 없다는 것. 한국 드라마에도 자주 등장하는 포장마차를 일본에서는 마주칠 일이 거의 없다. 심심하기도 하지만 없는 걸 어떡하나. 일본에 건너 오기 전에 보았던 프로그램 중

에 후쿠오카의 포장마차촌을 다룬 내용이 있었다. 길거리에서 장사하다 보면 물건이 도로 쪽으로 많이 나올 수가 있다. 담당구청에서는 늘 정해진 라인을 정해두고 한치의 오차 없이 단속을 하고 있었다. 단 1cm도 용납할 수 없다는 식이다. 너무 빡빡한 것이 아닌가 싶을 정도로. 이러한 강력한 단속 때문이겠지만 길거리에 노점이 없는 것도 깨끗한 거리 만들기에 일조하는 것은 분명하다. 임시로 차를 세워두고 물건을 파는 일도 별로 없으니 길에 볼 거리도 없지만 그만큼 보행권은 보장되는 셈이다. 쾌적한 환경을 누리려면 그만큼 책임과 의무가 따른다.

용납을 못하다 容赦しない
~는 식이다 といった風だ
빡빡하다 厳しい、窮屈だ
~가 싶을 정도로
じゃないかと思うほど

일조하다 一助となる
~것은 분명하다
~は明らかだ

누리다 享受する

絵の中の말
배보다 배꼽이… : 本末転倒 (←腹よりへそが…)
차 할부금 : 車のローン、밖、주차비 : 駐車料金
집 : 家、수리비 : 修理費、기름값 : ガソリン代

ポイントとなる表現

① ~ㄴ/는다는 말씀：というお話

그러니까 그 가게에는 좋은 물건이 아주 많다는 말씀이시죠?
つまり、そのお店にはよい物がとても多いというお話ですよね?

② ~다는 식：といった風

그는 더 이상 물러서지 않겠다는 식으로 말했다.
彼はこれ以上譲れないといった風に話した。

③ ~것은 분명하다：~なのは明らかだ

안개가 낀 곳은 사고 위험이 큰 것은 분명하다.
霧が立ち込めたところは事故の危険性が高いのは明らかだ。

道 ― 道にない二つのものは?

1 京都に初めて来たときの第一印象は、「日本の通りは本当に整然としている」ということだった。なぜだろうか? その時はその理由がよく分からなかった。道端に停められた車がほとんど無いということを。

2 うららかに晴れた日のことだ。友達の家に遊びに行くことにしたのだが、車で行こうか? 電車で行こうか? 車を運転して行こうとするなら、あらかじめ確認しておかなければならないことがある。目的地の家に駐車スペースがあるかどうかだ。その家の周辺に所かまわず駐車しておいたなら、駐車違反の切符を切られるのがオチだからだ。一軒家の中でも、大きい家であれば停める空間があるだろうが、そうでなければやはり近所に安い駐車場があるかどうかを調べておくのは

必須である。長時間停めるつもりなら、駐車料金が「一日最大いくらまで」という表示のある所を探さなければならない。そうしなかったら、本末転倒になることもある。友達に会って使うお金より、駐車料金のほうがもっとかかるというお話だ。

③ 日本人の居住形態で、韓国人が最もいぶかしく思う部分が駐車料の部分である。韓国では集合住宅のテラスハウスやマンションを借りる契約をして、入居すると当然駐車場は無料で使うことが出来る。日本では車庫証明がないと車を購入できないため、駐車場から契約するのが先決だ。戸建てが多い日本の路地で、狭い自宅の前の小さな空間になぜあんなに車を停めておくのかが理解できるようになった。駐車の取り締まりが厳しくて、道端にいいかげんには駐車できないのだ。日本の道がとても整然と見えるのは、必ずしも紙くずやゴミが無いからだけではなく、道端に駐車されている車がないからだろう。

④ 日本にある多くの有料駐車場が自販機のようにコインを入れて精算するシステムを導入している点も異色だ。韓国ではまだ有人駐車場が多く、車を出すときにはいちいち管理人に声を掛けて料金を支払わなければならない。

⑤ 日本の道が整然としているもうひとつの理由は屋台などの露天商が無いということ。韓国ドラマにもよく登場する屋台に日本で遭遇することはほとんど無い。つまらなくもあるが、無いものはしかたがない。日本に渡って来る前に見たことのある番組のうち、福岡の屋台村を扱った内容があった。道端で商売をすると、物が道路にまで結構はみ出したりすることがある。管轄の区役所では常にラインを決めておいて、一寸の誤差も無く取締りをしていた。わずか１センチでも容赦しないといった風だ。あまりにも厳しいんじゃないかと思うほどだ。このような強力な取締りのおかげだろうが、道端に屋台が無い事も整然とした道を作る一助となっているのは明らかだ。とりあえず車を停めておいて、物を売ることもあまりないため道端に見どころもないのだが、それほどに歩行の権利が保障されているという訳だ。快適な環境を享受するにはそれなりの責任と義務が伴うのだ。

12 라면

한 그릇에 담긴 일본인의 고집

대충 때우다
適当に済ます、賄う

차디차다 冷え切る

밥을 말다 スープにご飯を
入れて混ぜる
허기를 채우다 空腹を満たす

1 나에게 라면은 배고플 때 대충 때우는 음식이었다. 중고생 시절 도서관에서 공부하다가 배고플 때 차디찬 도시락을 그대로 먹을 수 없어 뜨거운 라면국물에 밥을 말아 먹었다. 대학 시절에도 강의실 들어가기 전에 허기를 채우는 음식이었고, 주말에 먹을 게 없으면 라면이나

하나 끓여서 먹으면 그만이었다.

2 일본에 오니 사람들이 라면이 아닌 '라멘'을 꼭 한 번 먹어봐야 한다고 했다. 일본 라면은 한국의 라면과 차원이 다르다 한다. 아마 수타면처럼 직접 면을 뽑고 국물을 우려내는 게 기차기 때문이라고. 그래서 먹어 봤다. 맛있었다. 대신 짰다. 돈코쓰라멘이 난 좋았다. 첫째 아이가 태어났을 때 산모를 도우러 한국에서 어머니가 오셨다. 난 신주쿠의 유명한 라멘 집으로 모시고 갔다. 어머니는 도쿄 도청사 등 여기저기 다니시느라 한참 배가 고프셨던 상황. 한입 드시고 나서 하신 첫 마디가 '맛있다'였다. 한국인에게 라면은 때때로 정크 푸드인데 어머니 입에서 맛있다는 이야기가 나왔다면 합격점이다. 그런데 다 못 드셨다. '왜 다 안 드세요?' 하고 물으니 '너무 짜'라고 답하신다. 역시 짜긴 짰다.

차원이 다르다 次元が違う
수타면 手打めん
국물을 우려내다 出汁をとる
기차다 あぜんとする

산모〈産母〉産婦

한입 一口
첫 마디 最初の言葉

칸막이 仕切り

잡담 雜談

음미하다 吟味する

얼마나 ~ㄴ/는 줄 알아
どれほど~のか分かっているのか
주방장 シェフ

담다 込める、盛り込む

오롯이 完全に、丸ごと

단 한 점 たったひと切れ
뭉치 かたまり、包み

3 　그 가게의 독특한 점은 칸막이가 있다는 점. 옆 사람과 잡담하지 말고 맛에 집중하면서 조용히 음미하라는 것이다. 칸막이가 없는 가게도 많은데 그 가게는 그래서 더 인기가 있다고 한다. 그때 이런 생각을 했다. 이렇게 국물 맛 우려내는데 얼마나 고생한 줄 알아. 이 집 주방장은 라면국물을 통해 그렇게 이야기하는 것 같다고. 그러니 칸막이 사이에서 먹는 것에만 집중해라! 일본인들은 라멘 하나에 '세상'을 담는다고 생각했다. 잘 삶아진 면, 그 위에 계란이 하나 있고, 김, 챠슈까지. 원래는 따로 따로 있어야 할 것이 하나의 그릇에 오롯이 담겨 있다. 단 하나의 그릇에 식사라는 세계를 담았다. 그게 일본인의 콘셉트라는 것을 먹고 나서 알았다.

4 　생선초밥도 그렇다. 단 한 점의 생선살에 한 뭉치의 초밥으로 승부를 한다. 그 외는 필요 없다. 심플함을 위해 다른 것을 버린 고케시 인형 같다. 최

고의 맛을 자랑하는 생선초밥을 위해 요리사는 정성을 다해 생선살을 바른 후 육질이 부드러워질 때까지 재우고 초를 먹인 밥도 가장 차지게 만들어 내놓는다. 하나의 재료(ネタ)에 세상을 담은 것이다.

생선살을 바르다 刺身を引く
육질 肉質
초를 먹이다 酢を馴染ませる

차지다 粘り気が多い

5 가끔 일본 방송에서 누가 뭐래도 단 하나의 세계에 몰두해서 그것을 이루려고 하는 사람을 볼 수 있다. 그런 고집이 오늘날의 일본을 만들었다. 아버지가 하던 가게를 대를 이어서 운영하고, 그 안에서 새로운 세계를 만든다. 초밥과 라멘이 보여주는 세계와 다르지 않다.

누가 뭐래도
誰が何と言おうと

이루다 なしとげる

대를 잇다 後を継ぐ

■ 絵の中の말
한국 : 韓国、공부 : 勉強、음미 : 吟味、칸막이 : ついたて

ポイントとなる表現

① **~디~다**：非常に~だ（形容詞の意味を強める）

그녀는 늘 곱디고운 한복을 입고 일을 하곤 했다.
彼女はいつも非常にきれいな韓服を着て仕事をしたものだった。

그 정치인은 젊은 시절 차디찬 감옥에 수감되었다.
その政治家は若い頃、冷え切った刑務所に入った。

② **얼마나 ~ㄴ/는 줄 알아?**：どれほど~のか分かっているの？
（反語的に。本当に~なんだよ）

아버지가 돈을 버시느라고 얼마나 고생하시는 줄 알아?
お父さんがお金を稼ぐために、どれほど苦労しているかわかっているの？（本当に苦労しているんだよ）

이곳 음식이 얼마나 맛있는 줄 알아?
ここの料理がどれほど美味しいか知ってるの？
（本当に美味しいんだから）

ラーメン ― 一杯に込められた日本人のこだわり

1 僕にとってラーメンはお腹がすいた時に適当に済ますための食べ物だった。中高生の頃は図書館で勉強している途中にお腹がすいた時、冷え切ったお弁当をそのまま食べるわけにはいかないので、ラーメンの熱いスープにご飯を入れて混ぜて食べた。大学時代でも講義室に入る前に空腹を満たすための食べ物で、週末に食べるものがなければラーメンでもひとつ作って食べれば充分だった。

2 日本に来てみると皆から、韓国の「ラーミョン」ではなく日本のラーメンを一度は必ず食べてみなければならないと言われた。日本のラーメンは韓国

のラーメンとは次元が違うらしい。おそらく手打うどんのように自ら麺を打って、スープをとったものが、驚くほど美味しいからだろう。だから、食べてみた。美味しかった。その代わりしょっぱかった。僕はとんこつラーメンが気に入った。最初の子供が生まれたとき、産婦のために韓国から母親が手伝いに来てくれた。僕は新宿の有名なラーメン屋に案内した。母は都庁などあちこち観光していたためしばらくお腹をすかせた状況だった。一口食べた後の最初の言葉が「美味しい」だった。韓国人にとってラーメンは時にジャンクフードなのであるが、母の口から美味しいという言葉が出たのなら、合格点ということである。でも、全部は食べなかった。「どうして全部食べないんですか？」と尋ねると、「しょっぱすぎる」と答えた。そう言われてみれば確かにしょっぱかった。

❸ その店の独特なところは仕切りがあるという点だ。隣の人と雑談せずに味に集中して静かに吟味しろということだ。仕切りのない店も多いのだが、その店は仕切りがあるから更に人気があるのだという。その時、こんなことを考えた。こんな風にスープをとるのにどれほど苦労したのか分かっているのか。この店の料理長はラーメンのスープを介してそう話しかけているようだと。だから、仕切られた空間で食べることにだけ集中しろ。日本人はラーメン一杯に「作り手の世界観」を込めるのだと思った。ちょうど良く茹で上がった麺、その上に玉子があって、海苔、チャーシューまで。本来なら別々にあるべきものがひとつの器に完全に盛り込まれている。たったひとつの器に食事と言う世界を盛り込んだ。それが日本人のコンセプトなのだということを、食べてから分かった。

❹ 寿司も同様である。たったひと切れの魚の身に、一握りのシャリで勝負を賭ける。それ以外は必要ない。シンプルさのために余計なものは排除したこけし人形のようだ。最高の味を出す寿司のために板前は真心を尽くして刺身を引いた後、肉質が柔らかくなるまで寝かせ、酢を馴染ませたシャリも最適な粘りの状態にしておくのである。ひとつのネタに「作り手の世界観」を込めるのだ。

❺ 時々、日本の番組で、誰が何と言おうとただ一つの世界に没頭してそれを成し遂げようとする人を見ることができる。そのようなこだわりが今日の日本を作った。父親が経営していた店を継いで運営し、その中で新しい世界を創造する。寿司とラーメンが見せてくれる世界と変わらない。

13 회

날 것에 대한 남다른 애착

~ㄹ/을라치면 ~となると、
~しようとするとすぐ
흥정 交渉、駆け引き

성사되다 成立する

썰다 刻む・刺身におろす

1 한국인도 일본인에 지지 않을 만큼 회를 좋아한다. 그런데 회 색깔이 다르다. 한국은 흰색, 일본은 빨간색. 한국에서 회를 먹을라치면 수조에 있는 물고기를 고르고 가격 흥정을 조금 해야 된다. 흥정이 성사되면 그 자리에서 바로 잡아서 썰어준다. 미리 숙성시켜 놓은 사시미

를 주로 내놓는 일본에서는 그런 가게가 그리 많지 않다.

2 살아 있는 회를 바로 먹으니 한국에서는 광어나 농어 등이 인기이고, 일본에서는 하루 정도 묵힌 참치가 인기다. 한국은 회를 막 쳐서 쫄깃쫄깃하고 신선한 맛을 즐긴다면, 일본의 경우에는 하루 정도 묵혀두었다가 육질을 부드럽게 해서 먹는다. 한국이 씹는 맛을 즐긴다면 일본은 녹는 맛을 즐긴다. 한국에서는 회 전문집에 가야만 회를 맛볼 수 있으나 일본에서 사시미는 어디서나 만날 수 있다.

3 단, 한국에서 정식으로 회를 먹으려면 좀 독특한 과정을 거쳐야 한다. 메인인 회가 나오기 전에 쓰키다시라고 해서 곁들여 먹는 음식으로 배를 채운다. 나중에 회가 나올 때쯤이면 이미 상당히 배가 불러 있다. 그때부터는 회가 아니라 그냥 안주다. 일본에서 회 먹기 전에 배

그리 ~지 않다
そう~くない

광어 ヒラメ
농어 スズキ

막~ ~したばかり
쫄깃쫄깃하다
噛み応えがある

묵혀두다 寝かせておく

씹다 噛む

쓰키다시 つきだし

곁들이다 つける、添える

어림도 없다 とんでもない

쌈 包むこと・包んだもの
얹다 載せる

~ㄴ/은 거다 ~した訳だ

기겁하다 仰天する

~으면 끝
~ばおしまいである

혀끝 舌先
감촉 感触

푸지게 먹다 たっぷり食べる

제철 旬

~다 한들 ~といっても
마음껏 心ゆくまで

가 부른다는 것은 어림도 없다. 재료 자체의 맛을 즐기는 게 일본 스타일이니까.

④ 두 나라는 회를 맛보는 방법에도 큰 차이가 있다. 한국의 음식문화는 역시 쌈. 상추를 펴고 회를 얹은 다음 초장에 마늘, 고추까지 넣어서 싸 먹는다. 쌈의 주재료가 삼겹살 대신 생선회가 들어간 거다. 이 이야기를 일본사람들이 들으면 기겁한다. 그렇게 하면 회 자체의 맛을 어떻게 아느냐는 것. 일본은 심플하다. 간장에 와사비를 풀어서 찍어 먹으면 끝. 그 외의 것이 들어가면 생선회가 갖는 원재료의 맛을 알 수 없다고 생각한다. 일본인은 양보다는 그것 자체가 갖는 모양이나 색깔, 혀끝에 느껴지는 감촉에 주목한다.

⑤ 그러나 한국인들로서는 푸지게 먹을 수 없는 건 좋은 음식이 아니다. 일본 회가 아무리 제철이고 잘 숙성시켜서 맛있다 한들 마음껏 먹지 못하고 몇

점에 젓가락을 놓아야 한다면 결코 높은 점수를 받을 수 없다. 한국은 맛도 있어야 하나 무엇보다 배가 불러야 한다.

6 일본에 살면서 느낀 것은 일본인들이 날 음식을 매우 좋아한다는 사실이다. 예를 들어 한국에서는 날계란을 잘 안 먹는데 비해, 일본에서는 소고기 덮밥 위에 날계란을 풀어서 먹거나 계란만 그릇에 풀어 후루룩 마시기도 한다. 일본 생맥주가 맛있는 것도 날것에 대한 일본인들의 고집이 들어있기 때문 아닐까. 보통 생맥주의 톡 쏘는 맛은 잘 관리를 하지 않으면 밋밋해지기 일쑤인데 일본 생맥주 집은 어딜 가나 맛있다. 단 하나의 맛의 진수를 원한다면 일본요리를 권한다. 단 배고플 때는 가지 말 것.

날계란 生卵

후루룩 ずるずるっと

톡 ぷつっ、ぱちっ

~기 일쑤 ~がちだ

어딜 가나 どこへ行っても
진수 真髄
권하다 おススメする

~지 말 것 ~ないこと

絵の中の말

사시미 : 刺身、회 : サシミ、생선 : 魚

ポイントとなる表現

① **~ㄹ/을라치면**：~となると、~しようとするとすぐ、~ともなれば

잠시라도 쉴라치면 매니저가 째려본다.
少しでも休もうとしたらすぐ、マネジャーが睨む。

② **~ㄴ/은 거다**：~のである、~わけだ

그런 맛이 나면 그 음식은 이미 상한 거다.
そんな味がしたらその食べ物はすでに傷んでいるのである。

일단 거기까지 했다면 중요한 부분은 끝난 거다.
ひとまずそこまでしたなら、大事なところは終わったわけだ。

③ **~지 말 것**：~しないこと

화장실에서는 담배를 피우지 말 것.
トイレでは煙草を吸わないこと。

刺身 ― 生ものに対しての並々ならぬ愛着

1 韓国人も日本人に負けず劣らず刺身が好きだ。だが、刺身の色が違う。韓国は白く、日本は赤い。韓国で刺身を食べるとなると、水槽に泳いでいる魚を選んで値段交渉を多少しなければならない。交渉が成立したら、その場ですぐに捕まえて刺身におろしてくれる。前もって熟成させておいた刺身を主に出す日本ではそのような店はそう多くはない。

2 生きていた魚をすぐ刺身にして食べるため、韓国ではヒラメやスズキなどが人気があり、日本では一日ほど寝かしておいたマグロが人気だ。韓国は刺身にしたばかりの魚を食べるので噛み応えと一緒に新鮮な味を楽しむのだとしたら、日本の場合は一日くらい寝かせておいて肉質を柔らかくさせてから食べる。韓

国が嚙み応えを楽しむのでれば、日本はとろけるような味を楽しむのだ。韓国では刺身の専門店に行ってこそ刺身を味わえるが、日本ではどこでも刺身に接することが出来る。

③ ただ、韓国で正式に刺身を食べるためには、少し特別な過程を経なければならない。メインの刺身が登場するまでに「つきだし」という付け合わせの料理でお腹を満たす。その後刺身が出てくる頃はすでに相当満腹になっている。そこからは刺身はただの酒のつまみになってしまう。日本では刺身を食べる前にお腹一杯になるなんてことはとんでもない。素材自体の味を楽しむのが日本のスタイルだからだ。

④ 両国では刺身の味わい方にも大きな違いがある。韓国の食文化はやはり包むことである。サンチュを広げてそこに刺身を載せたら、酢コチュジャンににんにく、青唐辛子まで乗せて包んで食べる。包む料理の主な具材がサムギョプサルの代わりに刺身になった訳だ。この話を日本人が聞くとびっくり仰天する。そんなことをしてしまったら刺身そのものの味が分からないじゃないかというのだ。日本はシンプルである。醤油にわさびを溶いて、そこにつけて食べればおしまいである。それ以外のものが入ると、刺身が持っているそのものの味が味わえなくなると考えている。日本人は量よりもそれ自体の持つ形や色、舌触りに着目する。

⑤ しかし、韓国人にとってはたっぷり食べられないものは良い料理とは言えない。日本の刺身が旬でどんなによく熟成されていて美味しいといっても、思う存分食べられず、すぐに食べ終わって箸を置かなければならないのなら、決して高得点は期待できない。韓国では美味しくなければならないのはもちろん、何よりもお腹一杯にならなければならない。

⑥ 日本で生活しながら感じたのは、日本人は生ものが大好きだという事実である。例えば、韓国では生卵をそれほど食べないのに比べ、日本では牛丼の上に生卵をかけて食べたり、卵だけを器に溶いてつるっと飲んだりする。日本の生ビールが美味しいのも、生ものに対する日本人のこだわりが注がれているからではないだろうか。普通、生ビールのシュワッとする感覚はちゃんと管理しなかったら味気なくなってしまうのがお決まりだが、日本の飲食店で出される生ビールはどこへ行っても美味しい。ただひとつの味の真髄を望むのであれば、日本料理をオススメする。ただ、空腹の時には行かないこと。

14 매운 음식

한국도 맵고
일본 음식도 맵다?

~다 못해 ~を超えて
느끼하다 脂っこい

1 달다. 처음 일본음식을 먹었을 때 느꼈던 맛이다. 돈카쓰가 그랬고 규동이 그랬다. 달다 못해 느끼했다. 그런데, 일본 TV 광고를 보면 가라쿠치(辛口)라고 해서 매운 맛을 강조하는 경우가 있다. 아니 매운 맛을 찾아볼 수가 없는데 무슨 매운 맛?

② 이 매운맛은 한국에서 먹는 '불닭'이나 '청양고추'가 잔뜩 들어간 찌개를 생각하면 곤란하다. 일본인들이 좋아하는 매운 맛은 고춧가루를 풀어낸 맛이 아니라 톡 쏘는 맛을 뜻한다. 맥주를 예로 들자면 탄산이 목으로 넘어갈 때 식도를 싸하게 긁어주는(?) 느낌이다. 이 가라쿠치(辛口)는 맛뿐 아니라 다른 사람에게 하는 '쓴소리'라는 뜻도 있어 재미있는 표현이라고 생각한다.

③ 카레도 마찬가지다. 한국에서 매운 맛이란 입에서 불이 나야 하지만, 일본에서 매운맛이란 초밥 속 와사비처럼 코끝을 찡하게 울린다. 한국에 유학 간 일본인 유학생들은 한국에 오래 있으면 있을수록 고국의 초밥, 사시미, 매운 카레, 일본 맥주가 그리워진다고 한다. 나는 이런 혀끝을 자극하는 맛이 일본인들의 칼맛이라고 생각한다. 칼끝으로 살짝 베어낸 생선살과 같은 맛. 고춧가루에 길들여진 한국

청양고추 青陽唐辛子

곤란하다 困難である、困る

풀다 まぜる

톡 쏘다
つつくように刺激する
목으로 넘어가다
喉を通り過ぎる
싸하다 シュワーッと

쓴소리 苦言

입에서 불이 나다
口から火が出る（とても辛い）

찡하게 울리다
ツーンとさせて泣かせる

～으면 ～을수록
～れば～ほど

칼끝 包丁の刃

베어내다 削ぐ

길들여지다 慣れている

주 종목 メインに選ぶもの

밋밋하다
味気なく感じる、特徴がない

~는가에 있다
~するかどうかにある

해당하다 該当する

뭐니뭐니해도 何と言っても

빼놓을 수 없다 欠かせない

인의 입맛과는 다른 맛의 세계다. 독한 소주를 주 종목으로 하는 한국인에게는 일본 정종이 밋밋하게 느껴질지 몰라도, 일본인들 내에서는 저급과 고급으로 나뉘며 묘한 맛의 깊이가 있다고 느낀다. 그것의 기준은 역시 얼마나 잘 정제되어 혀끝을 녹이는가에 있다. 나로서는 잘 알 수 없었지만.

❹ 한국에서 매운 음식의 대명사는 김치다. 이에 해당하는 일본음식으로는 쓰케모노(漬物)가 있는데, 한국어로 하면 '절임'이다. '짠지'라고도 한다. 한국에 가장 잘 알려진 일본 짠지를 들자면 뭐니뭐니해도 '다쿠앙(단무지)'이다. 일본 다쿠앙이 한국과 차이가 있다면 두께도 크기도 한국의 절반만하다는 거. 슬퍼진다. 자장면 먹을 때 빼놓을 수 없는 다쿠앙. 요즘엔 한국인이 일본인보다 더 다쿠앙을 좋아하는 것 같다.

5 한국에서 보기 어려운 쓰케모노로는 오싱코(おしんこ)가 있는데 처음에는 무슨 맛으로 먹나 싶었는데 언제부턴가 좋아하게 됐다. 은근히 술 마실 때 안주로 일품이다. 물론 메인은 식사 반찬이라 일식에는 반드시 쓰케모노가 올라온다. 한국의 김치처럼 빼놓을 수 없는데 문제는 양이 적다는 거. 그래, 일본 살면서 양은 포기했다.

~나 싶었는데 ~だろうと思ったけれど
은근히 どうしてなかなか

빼놓을 수 없다 欠かせない

6 유학생 시절 때는 꼭 며칠에 한 번은 매운 것이 먹고 싶었는데, 요즘은 오히려 한국에 들어갈 때마다 매운 음식에 혀가 괴롭다. 일본에서 고춧가루 들어간 매운 음식을 아예 안 먹는 것은 아니지만 때때로 달달한 음식을 즐기게 됐기 때문일까. 살다 보면 입맛도 변한다.

괴롭다 苦しい

달달하다 甘ったるい物
입맛 食の好み

絵の中の말
짠 : ジャーン、매운 맛 : 辛口

ポイントとなる表現

① **~다 못하다**：~を超える、~しかねる

그 음식은 맛없다 못해서 최악이었다.
その料理はまずいを超えて食べられるものではなかった。

수학문제를 풀지 못하는 동생을 보다 못한 형이 대신 풀기 시작했다.
数学の問題を解けない弟を見かねた兄が、代わりに解き始めた。

② **~(으)면 ~ㄹ/을수록**：~すれば~するほど

나이를 먹으면 먹을수록 아침에 일찍 깬다.
歳をとればとるほど朝早く目が覚める。

③ **~나 싶었는데**：~だろうと思ったけれど、~かと思いきや

이제 좀 끝났구나 싶었는데 아직도 할 일이 남아 있었다.
もう終わったなと思ったのにまだやることが残っていた。

辛口 — 韓国も辛く日本の食べ物も辛い？

1 甘い。初めて日本食を食べたときに感じた味だ。トンカツがそうであり、牛丼がそうだった。甘いを超えて脂っこかった。それなのに、日本のテレビコマーシャルを見ると辛口だといって辛さを強調する場合がある。どういうことだ。辛い味なんてお目にかかれないのに、何が辛口だというのだろうか。

2 この辛口とは、韓国で食べる「プルダック」や、激辛の「青唐辛子」がたっぷり盛られたチゲを想像されると困ってしまう。日本人が好む辛い味とは、唐辛子から出る辛さではなく、つつくように刺激的な味を意味する。ビールを例に挙げるなら、炭酸が喉を通り過ぎるときに食道をシュワーッと搔いてくれるような

感じだ。この辛口という言葉は、味だけではなく他人に呈する苦言の意味もあり、面白い表現だと思う。

❸ カレーも同様である。韓国だと辛い味というのは口から火が出なければならないが、日本で辛い味というのは、寿司の中のわさびのように鼻をツーンとさせて泣かせる辛さである。韓国に留学した留学生たちは、韓国に長くいればいるほど故郷の寿司、刺身、辛口カレー、日本のビールが恋しくなるという。僕はこのように舌を刺激する味が日本人の切れ味だと思っている。包丁の刃でそっと削がれた魚の切り身のような味。唐辛子に慣れてしまった韓国人の好みとは違った味の世界だ。キツい焼酎をメインに飲んでいる韓国人には日本酒が味気なく感じるかもしれないが、日本人の間では低級と高級に分かれていて、絶妙な味に深みがあると感じている。その基準はやはり、どれだけきちんと精製されていて舌をとろけさせるかにある。僕にはよくわからなかった。

❹ 韓国では辛い食べ物の代名詞はキムチである。これに該当する日本の食べ物には漬物があるのだが、韓国で言うならば「チョリム」である。「チャンジ」とも言う。韓国で最もよく知られている日本の漬物を挙げるとするなら、何と言っても「たくあん」だ。日本のたくあんと韓国のそれと違いがあるとするなら、厚さも大きさも韓国の半分くらいだということだ。悲しくなる。ジャージャー麺を食べる時に欠かすことの出来ないたくあん。最近は韓国人が日本人よりもっとたくあんを好んでいるようだ。

❺ 韓国ではなかなか見かけることの出来ない漬物としては「お新香」があるのだが、最初は何が美味しくて食べているのだろうと思ったけれど、いつの間にか好きになった。どうしてなかなか、酒のつまみとして逸品である。もちろんメインの食べ方は食事のおかずなので和食には必ず漬物が一緒に出てくる。韓国のキムチの様に欠かせないものだが、問題は量が少ないということ。まあ、日本で暮らしている間はもう量は諦めた。

❻ 留学生時代は何日かに一回は必ず辛いものを食べたくなったのだが、最近は逆に韓国に戻る度に辛い食べ物に舌がつらい。日本で唐辛子が入った辛い料理を全く食べないわけではないが、時々甘ったるい物を楽しむようになったせいだろうか。暮らしの中で食の好みも変わる。

15 된장과 간장
일본음식의 기본은?

은근히 ひそかに

1 한국에서 은근히 인기가 있었던 일본영화 '조제, 호랑이 그리고 물고기들'. 여기서 '미소시루'는 매우 중요한 역할을 한다. 남자 주인공 쓰네오가 조제를 좋아하는 중요한 매개로서다. 쓰네오가 조제를 좋아하게 되는 가장 결정적인 이유가 바로 조제가 만든 음식을 맛보고 난

후였는데, 그가 미소시루를 <u>어찌나 맛있게 먹던지</u>, 영화를 보던 나도 <u>한술 뜨고</u> 싶어질 정도였다. 미소시루에는 한 사람의 요리 실력이 <u>고스란히 담겨</u> 있기 때문이다. 미소시루를 잘 끓이니 계란 말이 등 다른 음식은 말할 것도 없다. 그녀의 요리 솜씨에 반해 쓰네오는 조제와 사귀기 시작한다.

어찌나 ~던지
あまりにも~したので
한술 뜨다 ーさじすくう

고스란히 담기다
余すところ無く込められる

말할 것도 없다
言うまでもない
솜씨 腕前

2 한일 음식의 공통된 소스는 뭐니 뭐니 해도 된장이다. 그 중 일본의 미소(味噌)시루는 특이하다. 일본에서 된장국은 여러 국 중의 하나가 아니라 유일한 국이다. 건더기만 조금 달라질 뿐 된장국을 365일 내내 먹는다는 것. 국의 종류가 수없이 많은 한국에서 갓 시집간 새댁이 그렇게 매일 같은 국을 내놓았다가는 숟가락이 날아갈 수도 있다.

특이하다
特異である、物珍しい

건더기 スープの具

갓 ~したばかり

새댁 新妻

3 그럼에도 일본인의 미소시루에 대한 감정은 특별하다. 2005년 니이가타에 지진이 났을 때, 집에서 학교

보름 半月

이재민 被災者

~느냐 못하느냐가
できるかできないかが
관문 関門
~으로 치면 で言うなら

담백하고 산뜻하다
あっさり、さっぱりしている

매콤하다 ピリッと辛い

즐겨먹다 好んでたしなむ

~와/과 더불어 ~とともに

첫인상 第一印象

찍어 먹다 つけて食べる
마저 までも、さえ

등으로 피난한 사람들이 보름 이상 집에 돌아가지 못하고 대피소에서 지내야 했다. 그때 어느 기자가 이재민들에게 무엇이 가장 먹고 싶으냐고 묻자, 집에 가서 따듯한 미소시루에 밥을 먹고 싶다고 했다. 그때 미소시루는 일본인들에게 음식 이상의 따듯한 가정을 상징한다는 걸 알았다. 이 미소시루를 잘 끓여내느냐 못하느냐가 일본에서 새댁 될 사람의 첫 번째 관문이라고 하니 한국으로 치면 김치솜씨로 요리실력을 파악하는 것과 같다. 일본의 된장국이 담백하고 산뜻하다면, 한국의 된장국은 역시 고추와 마늘이 들어가 매콤하다. 똑같은 소스도 나라와 즐겨먹는 습관에 따라 맛이 달라진다.

4 된장과 더불어 중요한 것이 간장이다. 일본음식의 내 첫인상은 '달거나 아니면 모두 짜다' 였다. 라멘이 짰고, 회도 간장에 찍어 먹고, 야키니쿠마저 양념간장에 찍어먹는다. 스키야키도 간

장 소스로 양념된 고기를 <u>날달걀에 풀어서</u> 먹고, 닭꼬치구이도 주문할라치면 간장 맛이냐, 소금 맛이냐 물어 본다. 일본에서 간장은 한국의 고추장만큼 사랑을 받는다. 간장 맛 과자가 있을 정도로.

날달걀에 풀다
生卵にくぐらせる
닭꼬치구이 焼鳥

⑤ 예전에 한국에 있는 대학 후배들에게 주려고 일본 과자를 선물로 사 간 적이 있다. 단맛에만 익숙해져 있던 후배들은 1년 만에 일본에서 돌아온 선배가 사 온 과자를 한입 먹고 더는 손대지 않았다. 술안주가 아닌 <u>바에야</u> 짠 과자는 <u>맨 정신</u>에 즐길 수 <u>없었나 보다</u>.

~가 아닌 바에야
~でもない限り
맨 정신 しらふ
~았/었나 보다
~かったようだ

⑥ 짠맛에 익숙해져야 진정한 일본의 미식가가 된다는 듯 맛있다고 소문 난 라멘집은 하나같이 짜다. 여전히 그런 맛에 <u>도통</u> <u>길들여지지</u> <u>않는다</u>.

진정한 真の、本当の

미식가 〈美食家〉グルメ

도통 ~지 않다
まったく~くない
길들여지다 なじむ

▎絵の中の말

후루룩 : ずるずるっ、 국물이 끝내줘요 : 汁が最高

ポイントとなる表現

① **~이/가 아닌 바에야** : ~でもない限り

바보가 아닌 바에야 그런 짓을 할 리가 없다.
バカでもない限り、そんなマネをするわけがない。

② **~았/었나 보다** : ~かったようだ、~したようだ

아이가 곤히 자는 걸 보니 어제 신나게 놀았나 보다.
子供がぐっすり寝ているところを見ると昨日楽しく遊んだようだ。

③ **도통 ~지 않다** : 全く~ない

그의 이야기는 도통 이해가 가지 않는다.
彼の話は全く理解できない。

味噌と醤油 ― 日本の食べ物の基本は？

1 韓国で密かに人気があった日本映画、『ジョゼと虎と魚たち』(犬童一心監督、2003年)。この映画の中で「味噌汁」は大変重要な役割を担う。男性主人公の恒夫がジョゼを好きだという重要なツールとしてだ。恒夫がジョゼを好きになるその最も決定的な理由が、まさにジョゼが作った料理を味わった後なのだが、彼が味噌汁をあまりにも美味しそうに飲んだので、映画を見ていた僕も一さじすくってみたくなった。日本の味噌汁には一人の人間の料理の腕前が余すところ無く込められているからだ。味噌汁を上手に作れるということは、卵焼などの他の料理は当然言うまでもない。彼女の料理の腕前に惚れて恒夫はジョゼと付き合い始めた。

2 日韓の料理の、共通する調味料は何と言っても味噌である。その中でも日本の味噌汁は独特だ。日本で味噌汁はさまざまな汁物のうちの一つなので

はなく、唯一の汁物だ。具材が少し変わるのみで味噌汁は 365 日の間飲むものなのである。汁物の種類が数えられないくらいに多い韓国では、嫁いだばかりの新妻がそんな風に毎日同じ汁物を出していたとしたら夫に怒られるかもしれない。

3 それにもかかわらず、日本人の味噌汁に対する感情は特別なものがある。2005 年、新潟で地震が起こったとき、家から学校などへ避難した人々が半月以上家に帰ることが出来ずに避難所で過ごさなければならなかった。その時、ある記者が被災者に何を一番食べたいかを尋ねたところ、家に帰って温かい味噌汁と一緒にご飯を食べたいと言った。その時に、味噌汁は日本人にとって食べ物であるという事以上に、温かい家庭の象徴なのだということを知った。この味噌汁を美味しく作れるか作れないかが日本ではお嫁さんになる人の最初の関門であるというから、韓国で言うならキムチ作りの腕前で料理の腕前を把握するのと同じである。日本の味噌汁はあっさり、さっぱりしているが、韓国の味噌汁はやはり青唐辛子とにんにくが入ってぴりっと辛い。同じ調味料でも国と、食べ方の好みによって変わってくる。

4 味噌とともに重要なものが醤油だ。僕が日本料理に対して初めて持った印象は、「甘いかそうでなければ全部しょっぱい」だった。ラーメンがしょっぱくて、刺身も醤油につけて食べる、焼き肉もタレにつけて食べる。すき焼きも醤油で味付けした肉を生卵にくぐらせてから食べ、焼き鳥も注文する際に必ずタレか塩かと聞いてくる。日本で醤油は、韓国のコチュジャン同様に愛されている。醤油味のお菓子があるくらいに。

5 以前、韓国の大学の後輩たちにやろうと日本のお菓子をお土産として買って行った事があった。甘い味にばかり慣れていた後輩たちは、1 年ぶりに日本から戻ってきた先輩が買って来たお菓子を一口食べて、それ以上手をつけなかった。酒のつまみでもない限り、しょっぱいお菓子はしらふでは楽しめなかったようだ。

6 しょっぱい味に慣れてこそ真の日本のグルメになるのだと言うかのごとく、話題のラーメン屋は一様にみなしょっぱい。いまだにそのような味に全く馴染めない。

16

신오쿠보
일본 최대의 한류 타운

15년전 온 사람 / 日本
타 타 타
미남이시네요
1년전 온 사람
삼겹살

1 2001년. 아내와 난 집에서 만들어 먹을 수 없는 한국음식이 먹고 싶어졌다. <u>아직</u> 한일 월드컵도 겨울연가도 없었던 시절. 도쿄에서 한국음식을 맛볼 수 있는 곳은 신주쿠 쇼쿠안 거리의 <u>몇 안 되는</u> 가게였다. 난 오래 끓여야 되는 곰탕을 시켰다. 그날 아내와 같이 가서 주문을

아직 ~던 시절
まだ~だった時代

몇 안 되는 数少ない

오래 끓이다 長く煮込む

~았/었더니 ~たところ

했더니, 가게 점원은 우리에게 오늘이 특별한 날이냐고 물었다. 그날은 결혼 기념일이었다. 그 점원은 유학생의 주머니 사정을 훤히 알고 있었고, 서비스로 다른 음식도 가져다 준 것 같다. 그의 친절함이 기억에 남았다. 그때 한국음식점은 유학생 신분에 쉽게 갈 수 없는 곳이었다. 다른 일본 음식보다 훨씬 비쌌으니까.

~냐고 묻다
~かと聞いてくる

주머니 사정 懐事情
훤히 알고 있다
手に取るように分かる

기억에 남다 記憶に残る

신분 身分

2 2002년 한일 월드컵을 통해 한국에 대한 관심이 늘어나더니, 2004년 NHK에서 겨울연가 방영되면서 한류가 폭발했다. 세이부 신주쿠선과 가까운 쇼쿠안 거리보다 JR 신오쿠보역을 중심으로 한국 음식점이 기하급수적으로 늘어났다. 음식점을 시작으로 노래방, 식료품점, 한류 잡화점, 화장품 가게까지 없는 것이 없어졌다. 덕분에 한국드라마에서나 볼 수 있었던 자장면까지 싸게 먹을 수 있었다.

폭발하다 爆発する

기하급수적〈幾何級数的〉
ねずみ算式

~에서나 ~을 수 있다
~でしか~できない

지척에 두다
ごく近い距離である

심정 心情

~을 리 없다
~するはずがない

~을만큼만 ~分だけ
불판 鉄板

상륙 上陸
~하자 するやいなや
훤칠하다
すらっとしている

3 2014년 오사카 최대의 코리아 타운이라는 쓰루하시에 갔다. 2000년 6개월 동안 교토에 있을 때는 지척에 두고 못 갔다. 일본 온 지 얼마 안 된 데다가 아르바이트 때문에 도저히 갈 여유가 없었다. 마음의 여유가 없었다는 것이 솔직한 심정이리라. 아마 그때 갔다면 14년 후 다시 갈 리 없었을 것이고, 도쿄 신오쿠보와의 차이도 몰랐을 것이다. 쓰루하시가 수십 년간 이어진 재일교포 사회의 원형을 볼 수 있는 곳이라면 신오쿠보는 뉴커머라 불리는 80년대 이후 일본으로 건너온 사람들이 새로 만든 왕국이다.

4 한류 전까지 '야키니쿠'하면 재일한국인을 상징했다. 고기 먹는 방식도 자기가 먹을 만큼만 그때 그때 불판 위에 올려서 구워먹는 식이었다. 그런데 신오쿠보에 삼겹살 가게가 상륙하자 일순간에 바뀌었다. 훤칠하고 잘생긴 점원들이 고기를 직접 구워주기 시작한 것이다. 상추

등 각종 세트도 별도 요금 없이 먹을 수 있게 됐다. 사람들이 구워주는 가게에 몰려들었다. 신오쿠보는 단숨에 일본에서 고기 먹는 습관마저 바꿔 버렸다.

몰려들다 集まってくる

단숨에 一気に

5 요즘도 주말에 신오쿠보를 가 보면 한국을 느끼려는 사람들도 북적인다. 신오쿠보에서 접할 수 있는 한국은 본국의 그것과 별 차이가 없다. 14년 전 신오쿠보는 왜소해 보였는데 요새는 한국을 가장 만나기 쉬운 곳으로 탈바꿈했다. 겨울연가가 남기고 간 한국 이후. K-POP을 통해 완전히 뿌리내린 코리아타운. 신오쿠보는 바다를 건너지 않고도 들를 수 있는 한국이다.

북적이다 ごった返す・賑わう

왜소해 보이다
取るに足らなく見える
탈바꿈하다 すっかり変わる、変化を遂げる

뿌리(를) 내리다 根を下ろす

▎絵の中の말

삼겹살：サムギョプサル、
15년 전 온 사람：15年前に来た人、
1년 전 온 사람：1年前に来た人、
타타타：パチパチパチ、미남이시네요：イケメンですね

ポイントとなる表現

① ~았/었더니 : ~したら、~したところ
（主に一人称で使う。結果を強調）

밥을 급하게 먹었더니 체한 것 같다.
ご飯を急いで食べたところ、胃もたれしたようだ。

② ~ㄹ/을 리 없다 : ~はずがない、~わけがない

그 여자가 범인일 리가 없습니다.
彼女が犯人なわけがありません。

新大久保 ― 日本最大の韓流タウン

1 2001年。妻と私は家では作って食べることができない韓国料理を食べたくなった。まだ日韓ワールドカップも冬のソナタもなかった時代。東京でも、韓国料理を味わうことができる所といえば、新宿の職安通りの何軒もない（韓国料理）店だった。僕は、長時間煮込まなければならないコムタンを注文した。その日、妻と一緒に行って注文したところ、店の従業員は僕たちに今日は何かの記念日かと聞いてきた。その日は結婚記念日だった。その従業員は留学生の懐事情を手に取るように分かっており、ほかの料理もサービスで持ってきてくれた気もする。彼の親切が記憶に残っている。その頃韓国料理店は、留学生の身分では気軽に行けない所だった。他の日本料理店より遥かに高かったからだ。

2 2002年、日韓ワールドカップを通じて韓国に対する関心が高まったのを受けて、2004年NHKで『冬のソナタ』が放映されるとともに韓流が大ブームとなった。西武新宿線に近い職安通りよりもJR新大久保駅を中心に韓国料理店がねずみ算式に増えた。飲食店に始まりカラオケ、食料品店、韓流グッズ店、化粧品まで、無い物は無くなった。そのおかげで、韓国ドラマでしかお目にかかれなかっ

たジャージャー麺まで食べることができた。

❸ 2014年、大阪最大のコリアタウンという鶴橋に行った。2000年に6ヶ月間京都にいた頃はごく近い距離だったのに行けなかった。日本に来てあまり経っていなかった上に、アルバイトのため到底行く余力が無かった。心の余裕が無かったということが正直な心情だろう。その時行っていたら、たぶん14年後に再び訪問するはずはなかっただろうし、東京の新大久保との違いが分からなかっただろう。鶴橋は何十年も続いた在日韓国人社会の原形を見ることができる所だとすれば、新大久保はニューカマーと呼ばれる80年代以降に日本に渡ってきた人々が新たに作った王国だ。

❹ 韓流（ブーム）前までは、「焼肉」といえば在日韓国人の象徴だった。肉の食べ方も自分が食べる分だけ、その都度網に乗せて、焼いて食べるというものだった。しかし、新大久保にサムギョプサルの店が上陸するや、一瞬にして変わってしまった。すらっとしたイケメン店員が、自ら肉を焼いてくれるようになったのだ。サンチュなどの各種セットも別途追加料金を支払わなくても食べられるようになった。人々は、焼いてくれる店に詰め掛けた。新大久保は日本での肉を食べる習慣までも一気に変えてしまった。

❺ 最近も週末に新大久保に行ってみると、韓国を感じようとする人たちで賑わっている。新大久保で接することのできる韓国は、本国のそれとさほど違わない。14年前、新大久保は取るに足らなく見えたのだが、最近では韓国に最も接しやすい場所へと変化を遂げた。冬のソナタが残して行った韓国。以降、K-POPを通じて完全に根を下ろしたコリアタウン。新大久保は海を渡らなくても立ち寄れる韓国である。

タングニの한마디　8. 韓国語教室

はじめは日本人の知人が運営する韓国語教室で韓国語のフリートーキングをしたことがきっかけでした。韓国語を介していろいろな話をすることが楽しく、学習者が韓国語で作文したものを添削して、似ているニュアンスの違いや、単語の使い分けを教えることに興味を感じました。そして、その後自分で韓国語教室を設立することになりました。

17

식사

일본인, 혼자 먹기를 즐겨 하는 이유는?

마주 앉다 向かい合って座る

왠지 なんだか、なぜか
처량하다 もの悲しく哀れに

1 점심시간. 한국에서는 직장인이 혼자서 밥을 먹는 일은 드물다. 식당에 가면 마주 앉아서 먹는 테이블이 대부분이고, 그런 테이블에서 누군가 혼자 먹는 모습은 왠지 처량해 보인다.

② 일본은 정반대다. 저렴한 식당일수록 혼자 앉아서 먹는 곳이 대부분이다. 여럿이 먹을 수 있는 곳은 패밀리 레스토랑 정도다. 직장인으로 붐비는 도심의 식당은 다들 혼자 와서 조용히 밥만 먹는다. 여럿이 떠들며 먹는 모습은 <u>보기 힘들</u>다. 식당 밥이 마음에 들지 않는 사람들은 도시락을 사와서 회사 내 자기 자리에서 먹는다. 만화를 보거나 컴퓨터를 응시하면서.

③ 한국 직장인들에게 식사시간은 동료들과 스트레스를 푸는 시간이기도 하지만, 일본 직장인들에게는 그저 <u>배를 채우는</u> 시간처럼 보인다. 속내를 들어 보니 좀 더 재미있어진다. 아는 일본인에게 왜 혼자 먹느냐고 물었더니, 식사 시간까지 회사 동료들과 일 이야기를 하고 싶지 않다는 것이다. 공적인 영역과 사적인 영역을 정확하게 구분하고 싶다는 거 이해가 간다.

정반대 正反対

여럿이 大勢で

붐비다 にぎわう

보기 힘들다 見られない

응시하다 凝視する

배를 채우다 腹を満たす
속내 ホンネ、内情
~아/어지다
形容詞+~くなる

영역 領域

웬만한 たいていの

비교가 되지 않다
比べ物にならない

사정이 이러하니
このような理由から
호소 訴え

물끄러미 바라보다
ぼんやりと眺める

왁자지껄하다
わいわいと賑やかだ

한껏 めいっぱい

④ 자, 일상적인 업무 이야기로 돌아가 보자. 일본인들이 업무처리는 정확하고 친절하다. 웬만한 다른 나라의 친절과는 비교가 되지 않는다. 그런데 일하는 입장에서 보면 상당한 노동강도가 요구된다. 공식적인 자리에서 일본인들은 되도록이면 고객에게 자신을 맞추려고 노력을 한다. 사정이 이러하니 점심시간 만큼은 자신만의 시간을 갖겠다는 호소다. 혼자만의 식사를 끝내고 게임 센터를 가거나 커피숍 창가에서 창 밖을 물끄러미 바라보는 수많은 일본 직장인들. 이것은 자유일까 고독일까.

⑤ 오피스가의 이러한 점심 풍경과 달리 동네 패밀리 레스토랑은 사정이 다르다. '마마토모(ママ友)'라 불리는 주부들로 왁자지껄하다. 아이들을 학교에 보내 놓고 집안일도 마무리하고 난 시간대. 점심시간을 활용해 친구들과 오후의 여유를 한껏 즐긴다. 그야말로 아주머니들의

천국이다. 왕수다에 이르러서는 조용한 이미지의 일본은 <u>온데간데 없고</u> 한국 아줌마<u>들과 다를 바 없다</u>. 사람과 사람이 만나 떠들썩하니 사람 사는 냄새가 난다.

6 직장에서 혼자 식사하는 외로워 보이는 직장인과 점심시간에 친한 친구와 한바탕 수다를 떠는 아주머니들. 어느 쪽이 진짜 일본의 모습일까? 퇴근 후 한 잔 하는 이자카야의 소란스러움과 퇴근길 전철의 조용함. 난 이 모든 게 일본이라고 생각한다. 단 한가지 모습만이 일본일 <u>필요는 없다</u>. 한국에서도 어떤 직장인은 제발 밥 한 끼만은 어울리지 않고 혼자 먹을 수 있는 공간이 있었으면 좋겠다고 푸념하니까. 사람 사는 곳이란 결국 비슷비슷하다.

왕수다 猛烈なおしゃべり

온데간데 없다 影も形もなく
~와/과 다를 바 없다
~となんら変わりない
떠들썩하다 騒がしい、にぎやかだ

한바탕 ひとしきり

소란스럽다 騒々しい

~일 필요는 없다
~である必要はない
제발 せめて、何卒、ぜひ
밥 한 끼 一食

푸념하다 愚痴をこぼす

비슷비슷하다
似たり寄ったりだ

│ 絵の中の말

조용 : しーん

ポイントとなる表現

① **〜아/어지다**：形容詞＋〜くなる

날씨가 점점 추워졌어요.
次第に寒くなりました。

한국어 발음이 날로 좋아지네요.
韓国語の発音が日々よくなりますね。

② **〜와/과 다를 바 없다**：〜と変わりがない

그의 행동은 범죄와 다를 바 없다.
彼の行動は犯罪と変わりがない。

③ **〜일 필요는 없다**：〜である必要はない

반드시 이번 발표자가 작가일 필요는 없습니다.
必ずしも今回発表者が作家である必要はありません。

食事 — 日本人、ひとりで食べるのが好きな理由は？

1 昼休み。韓国では会社員が一人で食事をするのは珍しい。飲食店に行けば、向かい合って座るテーブルがほとんどであり、そのようなテーブルで誰かが一人で食事している姿はなんだかもの悲しく哀れに見える。

2 日本は正反対だ。低価格な飲食店であるほど一人で座って食べる店が大部分だ。大勢で食べられる店はファミリーレストランくらいだ。会社勤めの人でにぎわう都心の飲食店は皆一人で来店し、静かに食事する。大勢で騒いで食べる姿はなかなか見られない。外で食べるのを好まない人たちはお弁当を買ってきて会社の中の自分の席で食べる。漫画を読んだりコンピューターを見つめながら。

❸ 韓国の会社員にとって食事の時間とは同僚とストレスを解消する時間でもあるが、日本の会社員にとってはただお腹を満たすための時間に思える。内情を聞いてみるともっと興味深くなる。知り合いの日本人になぜ一人で食べるのか聞いてみたところ、食事の時間までも職場の同僚と仕事の話をしたくないというのだ。公的な領域と私的な領域をはっきりと区別したいということは理解できる。

❹ さて、日常的な業務の話に戻ってみよう。日本人は業務処理は正確で親切である。たいていの諸外国の親切とは比べ物にならない。しかし、働くほうの立場からすれば、相当量の労働強度が要求される。公の場で日本人は出来るだけお客様に合わせようと努力する。このような理由から、昼休みぐらいは自分だけの時間が欲しいという訴えなのだ。お一人様の食事を終えてゲームセンターに行ったり、コーヒーショップの窓際で窓の外をぼんやりと眺めている数多くの日本の会社員。これは自由なのか、孤独なのか。

❺ オフィス街のこのような昼食の光景とは違い、町のファミレスの事情は異なっている。「ママ友」と呼ばれる主婦たちでわいわいと賑やかだ。子供たちを学校へ送り出し、家事も終えた後の時間帯。ランチタイムを利用して友人たちと午後の時間をめいっぱい楽しむ。それこそおばさんたちの天国だ。猛烈なおしゃべりに至っては、静かなイメージの日本は影も形もなく、韓国のおばさんたちとなんら変わりない。人と人が会って騒がしいから人間味がある。

❻ 職場でひとりで食事する寂しそうな会社員と、昼の時間帯に親しい友人とひとしきりお喋りに花を咲かすおばさんたち。どちらが本当の日本人の姿だろうか。会社帰りに一杯やる居酒屋の騒々しさと帰りの電車の中の静けさ。僕はこの両方が日本なのだと思う。日本がたったひとつの姿だけである必要はない。韓国でも、ある会社員は「せめて一食くらいは、まわりと仲良く食べるのではなく、一人で食べることの出来る空間があったらいいのに」と愚痴をこぼすのだから。人の暮らしているところというのは結局は似たり寄ったりなのである。

18 온천

탕 속에 누워서 세상을 보다

아~ 좋다♪
얜...뭐냐...

1 누군가 일본에 놀러 왔을 때 꼭 들르는 곳이 온천이다. 눈 내리고 멋진 지방의 유명한 온천이 아니어도 좋다. 도쿄 근방에도 온천이 몇 있으니 그곳에 데리고 가면 된다. 거창한 경치가 없더라도 일본 온천에는 정취가 있다. 한국의 고급 호텔 사우나에 자주 가는 친구가 종종

~이/가 아니어도 좋다
~ではなくてもいい
근방 近郊

거창하다 壮大である
~이/가 없더라도
~がなくとも、~ないとしても
정취 〈情趣〉趣
종종 よく、しばしば

일본으로 놀러 온다. 그와 같이 도쿄 이타바시쿠의 온천에 같이 들렀더니 문득 이런 이야기를 했다.

"일본의 온천은 조용해서 좋다. 한국은 가끔 탕에서 시끄럽게 떠드는 사람이 있거든."

문득 ふいに

떠들다 騷ぐ

2 일본의 온천은 단순히 휴식을 넘어서 온천을 매개로 하는 테마여행이 될 수 있다는 점이 다른 나라와 다른 것 같다. 바다나 산을 바라볼 수 있는 멋진 로텐부로(露天風呂)의 풍광은 온천과 떼려야 뗄 수 없는 요소다. 온천여행을 떠나면 그 고장에서만 맛볼 수 있는 특산물 요리와 일본의 정취가 그윽한 료칸(旅館)에서 묵는 것도 묘미다. 그러다 보니, 연인끼리의 데이트 코스뿐 아니라 불륜 여행의 단골 코스가 된다는 점도 재미 있다.

~ㄹ/을 수 있다는 점
～が可能だという点

풍광 風光
~(으)려야 을 수 없다
～ようとしても～ができない、～するにできない
특산물 요리 ご当地料理

그윽하다 奥ゆかしい・静かだ

묘미 〈妙味〉醍醐味

단골 코스 定番コース

3 온천 안에서도 일본 문화가 잘 드러난다. 한국에서도 목욕탕에

탈의실 脱衣室

맨몸 素っ裸
cf. 맨손 素手, 맨발 裸足

챙기다 前もって用意する
부위〈部位〉体の一部
의아하다 腑に落ちない

어차피 どうせ、結局は

폐를 끼치다 迷惑をかける

생각에 잠기다 考えにふける

닦다 拭う

그러고 보니 そういえば

~ㅁ/음이 좋다
~ところがいい

갈 때 수건을 챙겨가지만, 탈의실에 수건을 두고 맨몸으로 안에 들어간다. 그러나 일본인들은 탈의 후에도 꼭 흰 수건을 하나씩 챙겨서 몸의 중요한 부위를 가리면서 다닌다. 처음 그런 모습을 보았을 때 의아했다. 왜 가리지? 어차피 씻으러 들어온 곳인데. 알고 보니 부끄러워서가 아니라 다른 이에게 그런 부위를 보여주는 것이 실례라고 생각하기 때문이라고 한다. 남에게 폐를 끼치면 안 된다는 일본문화는 모두가 벌거벗고 다니는 온천에서도 이어진다.

4 탕에 들어가면 수건을 머리 위에 얹어 놓고 생각에 잠긴다. 수건을 머리 위에 얹는 것도 신기해 보였는데, 몸을 닦는 데 쓰는 수건을 탕에 넣으면 물이 지저분해진다는 인식이 있어서 그렇다고 한다. 그러고 보니 수건을 탕에 넣는 사람은 없었다. 처음에 난 탕에 수건을 담갔던 기억이 난다. 자주 가지는 않지만 일본 온천의 조용함이 좋다. 노천탕에서 나와 맨

몸으로 바람을 쐬는 것도 좋고 조용한 가운데 즐기는 명상도 좋다.

5 일본 온천에 와서 기겁한 것 한 가지. 사우나에서 벌거벗고 휴식을 취하고 있는데 어떤 아주머니가 갑자기 들어와서 청소해야 하니 다 나가라고 했다. 청소 담당자 한 마디에 모두 후다닥 자리를 비웠다. 이렇게 남탕에 막 들어와도 됩니까? 아, '로마에 가면 로마의 법을 따르라'지!

바람을 쐬다 風にあたる

명상 瞑想

기겁하다 仰天する

벌거벗다 裸になる

후다닥 ささっと、素早く

로마에 가면 로마의 법을 따르라
郷に入っては郷に従え

絵の中の말

아, 좋다…: あー、気持ちいい、 앤… 뭐냐…: こいつ…何だ

ポイントとなる表現

① **～(으)려야 ～ㄹ/을 수가 없다**

：～しようとしても～できない、～するにできない

너무 시끄러워서 공부에 집중하려야 할 수가 없다.
あまりにもうるさくて、勉強に集中しようとしてもできない。

② **～고 보니**：～した後で、よく考えてみたら

그 이야기를 듣고 보니 속았다는 생각이 들었다.
その話を聞いた後、よく考えてみたら騙された気がした。

③ **～ㅁ/음이 좋다**：～なところが好きだ、～さが好きだ

（～ㅁ/음は形容詞の名詞形で、～なところ、～さの意味）

나는 그의 솔직함이 좋다.
私は彼の率直なところが好きだ。

温泉 ― お湯に浸かって世間を観る

1 誰かが日本に遊びに来る時必ず立ち寄る所が温泉である。地方の有名な雪景色の渋い温泉でなくてもよい。東京近郊にも温泉がいくつかあるので、そこへ案内すればよい。壮大な景色がなくとも日本の温泉には趣がある。韓国の高級ホテルのサウナによく行く友人が、たびたび日本に遊びに来る。彼と一緒に東京の板橋区の温泉に一緒に立ち寄ったところ、不意にこんな話をした。
「日本の温泉は静かでいいね。韓国は時々湯船でうるさく騒ぐ人がいるから」

2 日本の温泉は単なる休息を越え、温泉を媒介としたテーマ旅行が可能だという点が他国とは異なるようだ。海や山を眺めることができる粋な露天風

呂の風景は、温泉と切っても切れない要素である。温泉旅行へと旅立てば、その地方でのみ味わうことのできるご当地料理と、日本の情趣たっぷりの旅館に泊まるのも温泉旅行の醍醐味である。そうしたことから、恋人同士のデートコースのみならず、不倫旅行の定番コースにもなったという点も面白い。

❸ 温泉の中にも日本文化がはっきりと表れる。韓国でも銭湯に行く時、タオルを用意して行くが、脱衣所にタオルを置いて素っ裸で中へ入って行く。しかし、日本人は服を脱いだあとでも必ず前もって白いタオルを一本ずつ用意して、体の大切な部分を隠して行動している。初めてその姿を見たとき腑に落ちなかった。何で隠すんだろう？　どのみち入浴しに来た場所なのに。後でわかったことだが、恥ずかしいからではなく、他人にそのような部位を見せることが失礼だと考えるためであるらしい。他人に迷惑をかけてはいけないという日本文化は、全員が裸になって行き交う温泉にもつながっている。

❹ そして、湯船に入ったらそのタオルを頭の上に乗せて考えにふける。タオルを頭の上に乗せるのも不思議に見えたが、体を拭くのに使うタオルを湯船に入れたらお湯が汚れるという認識があるからなのだという。そういえば、タオルを湯船に入れている人はいなかった。僕は最初、湯船にタオルを浸していたのを思い出す。しょっちゅう行くわけではないが、僕は日本の温泉の静けさが好きだ。露天風呂から出て裸で風にあたるのも好きだし、静けさの中で楽しむ瞑想も良いものだ。

❺ 日本の温泉に来てみて、仰天したことがひとつ。サウナで素っ裸で休息を取っていると、あるおばさんが急に入ってきて、掃除しなきゃならないから全員出るようにと言われた時である。お掃除のおばさんの一言に、皆ささっとその場を空けた。こんな風に男湯にやたら入ってきてもいいと思いますか？　あ、そうか。「郷に入っては郷に従え」だ！

19 술자리
자유롭게 마셔라, 그리고 집에 가라!

패턴 パターン

해산 解散

~와/과 달리 とは違って
그야말로 それこそ

1 한국인의 술자리에는 전형적인 패턴이 있다. 1차는 삼겹살에 소주, 2차는 맥주, 3차는 노래방. 일본은 1차는 술, 2차는 가라오케 아니면 해산. 하루의 스트레스를 직장동료들과 술로 위로하는 한국인들과 달리, 일본인들은 그야말로 가볍게 한잔 하고 집으로 돌아간다.

2 그래서 그런지 가끔 집에서 한국 드라마를 보다 보면 유독 술자리 장면에서 시선이 멈추게 된다. 한국에서 어울리던 술자리 생각이 나서다. 드라마에 등장하는 술은 딱 두 가지다. 맥주와 소주, 아니면 소맥. 소맥은 맥주에 소주를 타는 것이다. 그리고 종목 통일. 소주를 마시는 자리에서는 소주만, 맥주를 마시는 자리에서는 맥주만 마셔야 한다. 같이 취하는 게 목적인 술자리에서 자기 취향 대로 마실 수 없다. 그런 만큼 술자리를 함께 하고 나면 강력한 유대감이 생기게 된다.

3 일본에서 직장생활을 시작한 뒤 회사 회식자리에 처음 가게 됐다. 첫 잔은 맥주! 이 말은 일본의 술 문화를 단적으로 보여준다. 한국은 첫 잔만 아니라 일단 맥주로 정했으면 계속 맥주를 마시기 때문에 첫 잔의 의미가 없다. 그러나 일본은 첫 잔을 맥주로 하고 나면, 누구 하나 억지로 술을 권하는 일이 없었다. 다들

유독 とりわけ

시선이 멈추다 注目する

소주를 타다 焼酎を混ぜる

종목 類、種目

취향〈趣向〉好み

유대감〈紐帯感〉絆

단적으로 端的に

누구 하나 ~일이 없다
誰ひとりとして~ことはない
억지로 無理やり
권하다 勧める

들이켜다 飲み干す

고르다 選ぶ

바 バー

법하다 ~(し)そうだ

~(으)면 그만이다
~ばそれで終わりだ
그러다 보니
とにかくそういうことで
매개로 媒介に

쫓기다 追われる
~을 일이 없다
~ことはない
막차 終電

자기가 마시고 싶은 술을 마신다. 술 못 마시는 사람도 문제 없다. 우롱차나 다른 음료수를 마시면 되니까.

4 내가 다녔던 회사에 한해서 보자면, 일본인 동료들은 회사 술자리에서는 맥주를 한 잔 들이켜고 난 후 음료수 같이 보이는 술, 자신이 마시고 싶은 술만 골라 시켰다. 그레이프 후르츠 사와 하이볼, 카시스 소다. 한국인의 관점에서 보면 사와나 하이볼은 칵테일에 가깝다. 칵테일은 삼겹살 등 식사와 함께하는 술자리에는 어울리지 않는다. 왠지 3차쯤 바에 가서야 마실 수 있을 법한 술이지만, 일본 이자카야에서는 쉽게 만난다. 다들 제가 마시고 싶은 술을 마시고 헤어지면 그만이다. 그러다 보니 술을 매개로 강력한 유대감이 생기지는 않았다. 당연히 2차가 없을 때도 많았다. 2차가 없으니 막차에 쫓길 일이 없었다. 물론 막차가 끊어져도 문제다. 택시비가 비싸니까. 그런 면에서는 한국에서는

택시 값이 비싸지 않으니 술을 늦게까지 마시는 것에 대해 부담을 느끼지 않는다. 싼 택시 값이 한국의 음주문화를 떠받들고 있다고 해도 과언이 아니다.

떠받들다 支える
~다고 해도 과언이 아니다
~といっても過言ではない

5 일본에서는 가라오케에서도 편하게 술을 즐긴다는 점도 특이했다. 한국에서는 노래방에 갈 즈음이면 이미 술을 상당히 마신 상태이기 때문에 노래 부르는 데 집중할 뿐 술 마실 분위기는 아니다. 목이 마르니 잠깐 목을 축이는 정도다.

~ㄹ/을 즈음 頃

그때 일본인 동료들은 잔뜩 취하기 위해서 술을 마시지는 않았다. 무미건조해 보일지 몰라도 다음날 무리가 없다는 점에서 좋았다. 한국 사람은 정을 쌓기 위해서 마신다. 정이 술을 붓고, 다시 술이 정을 붓고, 좀처럼 끝나지 않는다. 한일 양국은 이렇게 하루를 다르게 마감한다.

축이다 湿らす

잔뜩 思い切り、いっぱい

~다는 점에서 좋다
~という点ではいい

좀처럼 ~나지 않다
なかなか~ない
마감하다 締めくくる

絵の中の말

이야… 입맛대로 : これこれ…飲みたいものを、
뭘 마셔볼까나! : 何飲もうかな！

19 술자리

ポイントとなる表現

① **누구 하나 ~일이 없다**：誰ひとりとして~することはない

선생님이 교실을 나가셔도 누구 하나 떠드는 일이 없다.
先生が教室から出ても、誰一人おしゃべりすることはない。

② **~(으)면 그만이다**：~ばそれで終わりだ、~すればそれまでだ
（何か強く主張するとき）

그곳이 지겨워졌을 때는 떠나면 그만이다.
そこが嫌になった時は離れればそれで終わりだ。

조건이 안 맞으면 거래하지 않으면 그만이다.
条件が合わなければ取り引きしなければそれまでだ。

酒の席 ― 自由に飲め、そして家に帰りたまえ

1 韓国人の酒の席には典型的なパターンがある。1次会はサムギョプサルに焼酎。2次会はビール。3次会はカラオケだ。日本では1次会は酒。2次会はカラオケ、または解散。一日のストレスを職場の同僚と一緒にお酒で発散する韓国人とは違って、日本人はそれこそ軽く一杯やって家へと帰るのだ。

2 そのせいか、たまに家で韓国ドラマを見ていると途中で、とりわけ飲み会のシーンに目が留まる。韓国での飲み会を思い出すからだ。ドラマに登場するお酒は決まって2種類。ビールと焼酎。でなければ、「ソメク」。「ソメク」とは焼酎をビールに混ぜたものである。それと、酒類の統一。焼酎を飲む席では焼酎だけ、ビールを飲む席ではビールだけを飲まなければならない。一緒に酔うのが目的であるため、韓国の飲み会では自分の好みで飲むことは出来ない。だからこそ、一緒に酒の席を重ねていくことで強い絆が生まれるのだ。

❸ 日本で会社に勤めるようになった後、初めて会社の飲み会に行くことになった。「最初の一杯はビール！」この言葉は日本の飲酒文化を端的に見せてくれる。韓国は最初の一杯だけではなく、一度ビールと決めたらずっとビールを飲むため、最初の一杯に特に深い意味がない。だが日本は、最初の一杯をビールに決めた後、誰一人として無理やり酒を勧めることはなかった。皆、自分が飲みたい酒を飲むのである。酒の飲めない人でも問題ない。ウーロン茶やほかの飲み物を飲めばよいのだから。

❹ 僕が勤めていた会社に限って言えば日本人の同僚は会社の飲み会で、ビールを一杯飲み干した後、みんなジュースのような見た目のお酒や、自分が飲みたいお酒ばかり選んで注文した。グレープフルーツサワー、ハイボール、カシスソーダ。韓国人の視点ではサワーやハイボールはカクテルに近い。カクテルは、サムギョプサルなど食事をしながらの宴席には合わない。なんとなく、3次会くらいになってバーにでも行かないと口にできないようなお酒であるが、日本の居酒屋では普通に遭遇する。皆、自分が飲みたいお酒を注文して、解散すればそれで終わりだ。とにかくそういうことで、酒を媒介に強い絆が生まれることはなかった。当然2次会がない時も多かった。2次会がないので、終電に追われることもなかった。もちろん終電がなくなってしまっても問題だ。タクシー料金が高いから。その面では、韓国ではタクシー代が高くないので、遅くまでお酒を飲むことについて負担を感じない。安いタクシー料金が、韓国の飲酒文化を支えているといっても過言ではない。

❺ 日本ではお酒を飲むとき、カラオケ（しながら）でも軽くお酒を楽しめるという点も物珍しかった。韓国ではカラオケに行く頃にはもう既に相当酒を飲んだ状態なので、（ただ）歌うことに集中するのみで（もう）お酒を飲む雰囲気ではないのだ。のどが渇くため、少しのどを湿らすといった程度である。
　その時、日本の同僚たちは、思い切り酔っ払うために酒を飲んでいた訳ではなかった。無味乾燥に思えるかもしれないが、翌日に響かないという点では良かった。韓国では、仲良くなるために飲む。情がお酒を注ぎ、またお酒が情を注いでなかなか終わらない。日韓両国の一日の締めくくりは、このように違っているのである。

20 기다림

단 한 순간을 위해 기다려라

시들해지다
しおれる、気乗りしなくなる
볼 거리 見どころ

들어서다 立ち並び

군것질거리 おやつ

1 이제는 좀 시들해졌지만, 일본에는 볼 거리가 많다고 생각했다. 봄이 되면 벚꽃놀이, 여름이면 불꽃놀이, 가을이면 축제. 모든 곳에는 포장마차가 들어서고 아이들이 즐길만한 군것질거리가 있다. 이곳에 살다 보니 계절별 일본의 볼 거리는 모두 일본인의 스타일과 밀접하게

연관이 되어 있다는 걸 알게 됐다. 그것은 기다림이다.

2 먼저 봄맞이. 한국이라면 입학식이 있는 3월에 새로운 학기가 시작되지만, 일본은 4월에 모든 것이 시작된다. 그 절묘한 타이밍에 벚꽃이 핀다. 3월 말쯤 되면 일본인들의 주요 관심사는 언제 벚꽃이 활짝 필 것인가에 맞춰진다. 한국에는 일본만큼 벚꽃이 많지 않아서 벚꽃의 개화 정보에 무감각하다. 일본에 와 보면 벚꽃나무가 도처에 널려 있다는 것과 가까운 공원에서 벚꽃을 즐길 수 있다는 걸 알게 된다. 벚꽃놀이는 일본사람들에게 회사모임, 가족모임, 친구모임 등 일상 속에 녹아 들어가 있다.

물론 벚꽃으로 유명한 우에노 공원 등은 미리 누군가가 꼭 자리를 잡아야 하므로 회사 등 공적인 모임으로 치르자면 피곤하겠다는 생각이 든다. 언젠가 도쿄타워 근처 시바공원에서 벚꽃놀이를 열기 위해 미리

연관되다 関わっている

봄맞이 春を迎える

절묘하다 絶妙だ

~ㄹ/을 것인가에
~かということに

무감각하다
無関心だ、無頓着だ
도처에 いたるところに

녹아 들어가다 溶け込む

자리를 잡다 場所をとる

치르다 する、~執り行う
~자면 ~ようというと、
~ようとすると

공(을) 들이다
誠意と努力を注ぐ
~(시간) 만에 끝나다
~(時間)で終わる

주최자 主催者

~탓에 ~ために、~せいで
무렵 頃
지치다 くたびれ果てる

~(으)면서까지 ~してまで

(服装+) 차림 ~姿

자리를 잡으러 간 적이 있었는데 들인 공에 비해 벚꽃놀이는 단 2~3시간 만에 끝났다. 아직 날씨가 추운 시기라서 그렇다.

❸ 불꽃놀이도 마찬가지이다. 7년 전 한일교류회 차원에서 '도쿄만 불꽃놀이'를 기획한 적이 있었는데 주최자인 나는 아침부터 가서 자리를 잡고 저녁 7시까지 9시간을 기다렸다. 그러나 일찍부터 기다린 탓에 불꽃놀이를 볼 무렵 지치고 말았다. 돌아가던 길에 비까지 내렸다. 그 후 나는 벚꽃놀이나 불꽃놀이는 굳이 시간을 내서 자리를 맡으면서까지 보려고 하지 않는다. 벚꽃이나 불꽃처럼 기다림에 비해 즐기는 시간이 너무도 짧으니까.

❹ 해마다 많은 사람들이 봄이 되면 벚꽃놀이 할 자리를 잡고 음식을 준비하고 여름에는 유카타 차림으로 행사를 즐기는 것을 보면, 일본사람들은 참 기다림에 익숙해져 있다고 생각한다. 기다림

이란 공평한 일이긴 하다. 누군가 손해 볼 일이 없고 일찍 와서 노력한 사람만이 가질 수 있는 것이니까.

⑤ 문제는 기다림을 즐길 수 있느냐 다. 난 안 된다. 봄이 되면 자리를 맡고 벚꽃놀이를 준비하기보다, 편할 때 가볍게 산책하면서 살짝 엿보는 정도가 좋다. 그게 내게 더 맞는 옷 같고, 언제든지 가볍게 일어설 수 있는 그런 자리가 나는 좋다.

~ㄴ/은 일이긴 하다
～ことでもある
손해(를) 보다 損をする
cf. 피해를 보다
　　被害にあう

~을 수 있느냐다
～ができるかどうかだ
미리 前もって

살짝 そっと、何となく

엿보다 横目で見る、覗き見る

■ 絵の中の말

건배 : 乾杯、자리 맡고 뻗음 : 場所取りで死ぬ

ポイントとなる表現

① **~자면** : ~とえいば、~しようとするなら

집들이를 하자면 미리 음식을 해 둬야 한다.
引越し祝いをしようとするなら前もって料理を準備しておかなければならない。

② **~ㄴ/은 일이긴 하다** : ~ことでもある（一応認めることは認める）

그렇게 마음을 쓰지는 않았지만, 슬픈 일이긴 했다.
それほど気にはしなかったけれど、悲しい出来事ではあった。

待つこと ― ただ一瞬のために待ってくれ

1 今はもうそれほどでもなくなったが、日本は見どころが多いと思った。春になれば花見、夏なら花火見物、秋なら祭り。（それら）すべての場所に屋台が立ち並び、子どもたちが楽しむのにちょうどいいおやつがある。日本で暮らしているうちに、季節ごとの日本の見どころはすべて日本人のスタイルと密接に関わっているという事を知った。それは待つことだ。

2 まず、春を迎える頃。韓国は３月に入学式があり、その後すぐ新学期が始まるが、日本は４月にすべてがスタートする。その絶妙なタイミングで桜の花が咲く。３月末頃になると、日本人の主な関心事はいつ桜が満開になるのかということに絞られる。韓国では日本ほど桜が多くないので、桜の開花情報に無関心だ。日本に来てみると、桜の木が至るところにあるということと、近くの公園で桜を楽しめることが分かった。花見は日本人にとって会社の集まり、家族同士の集まり、友人たちとの集まりなど、生活の中に溶け込んでいる。

もちろん、桜で有名な上野公園などは、あらかじめ誰かが必ず場所取りをしなければならないので、会社等の公的な集まりで（花見を）しようというと、疲れそう

だなあと感じてしまう。いつだったか、東京タワーの近くの芝公園で花見をするために前もって場所取りをしに行ったことがあったのが、苦労したわりに花見は２〜３時間で終わってしまった。まだ寒い時期だったためである。

③ 花火見物も同様だ。７年前に日韓交流会の名目で東京湾花火大会の見物を企画したのだが、主催者である僕は朝っぱらから出かけて場所取りをし、夜７時まで９時間待機した。しかし、早くから待っていたために花火を見る頃にはくたびれ果ててしまっていた。帰り道は雨にまで降られた。それ以降、僕は花見や花火見物はあえて時間を割いて場所取りをしてまで見ようとは思わない。桜や花火のように、待っている時間の割に楽しむ時間があまりにも短いから。

④ 毎年多くの人々が、春になると花見の場所取りをして食べ物を用意し、夏は浴衣姿でイベントを楽しんでいるのを見ると、日本人は本当に待つことに慣れていると思う。待つというのは公平なことでもある。誰かが損をすることはなく、早く来て努力した人が利益を得られるのであるから。

⑤ 問題は待つことを楽しめるかどうかだ。僕にはできない。春になると場所取りをして花見の準備をするよりも、都合のいい時に気軽に散歩しながら何となく横目で見るくらいがいい。それが自分にもっと合っている服のようであり、いつでも気軽に立ち上がることができる場が、僕は好きだ。

タングニの한마디　9. ミリネ

「미리내」は、韓国の固有語で「龍」を意味する「미르」と「川」を意味する「내」が一つになった言葉です。昔の人々は龍が天空に昇ったと信じていたのと、銀河がまるで川や水の流れのように見えた事から「龍が遊ぶ川」すなわち「天の川」を意味するようになりました。それにあやかってミリネを教室の名前にしました。

21 연말연시
한 해를 넘기려면 세가지를 준비해야 한다

나이가 들다 歳を取る
연말 年末

~이라 그런지 ~からか

어감 語感

1 나이가 들면 연말이 빨리 온다. 한국에도 망년회가 있다. 일본어와 달리 '망년회'라는 말의 '망'은 잊을 '망 忘'이라는 한자를 쓰는데, '망한다'는 '망 亡'과 같은 음이라 그런지 말의 어감이 좋지 않다고 해서 요즘에는 '송년회'라고 부르고 있다. 한 해를 잊는 것이

아니라, 한 해를 보낸다는 뜻이다. 한국인들 못지 않게 일본에서도 송년회를 많이 가지는 것 같다. 송년회와 크리스마스 분위기에 취해 한 해를 보내는 것이다. 그런데 일본에서는 한 해를 보내기 위해서 세 가지나 준비해야 한다.

못지 않게 負けず劣らず

② 먼저 연말 대청소. 한국에서도 회사에서는 대대적으로 연말에 청소를 한다. 사무실 창문의 먼지를 닦아 내고, 각종 서류를 정리하며 여기저기 묵은 때를 벗겨 낸다. 그러나 가정집에서는 하지 않는다. 일본에서 각 가정마다 연말에 대청소를 한다는 게 신기했다.

두 번째는 도시코시소바. 한 해를 넘기기 위해 먹는다는 메밀국수. 혼자 사는 사람도 편의점에서 사든지 해서 꼭 먹는다. 가늘고 긴 메밀국수를 먹으면서 장수를 기원한다고 한다. 그러나 한국에서는 한 해를 마감할 때 딱히 먹는 음식은 없다. 대신 새해에 떡국을 먹어야 나이를 한 살 더 먹을 수

대청소 大掃除
대대적으로 大々的に

묵은 때 溜まった垢(埃)
때를 벗겨 내다 垢を落とす

~다는 게 신기하다
ということが不思議だ

~든지 해서 ~などして
가늘다 細い
기원하다 願う・祈る

딱히 特に

건더기 (スープの) 具
〜아/어야만
〜てこそ、〜しはじめて

있다고 생각한다. 떡국이란 일본의 '오조니'와 비슷하지만 떡 뿐만 아니라 소고기 등 건더기가 많다. 한국인은 떡국을 먹어야만 새해를 제대로 맞이했다고 느낀다.

③ 세 번째는 오세치 요리. 일본에 와서 첫 번째 새해를 교토의 기숙사에서 맞이했다. 그때 처음으로 오세치를 맛보았는데 신기했다. 새우, 검은 콩 등 예쁘게 차려진 음식들. 내 입맛에 썩 맞지 않았지만, 그 음식 하나하나에 다양한 의미가 있다는 걸 나중에 알았다. 게다가 오세치가 무척 비싸다는 걸 알고 놀랐다. 한국의 양력설에는 떡국 한 그릇 뚝딱 해치우면 끝인데 말이다. 물론 음력 설날은 민족 최고의 명절이라 '상다리가 부러져라' 하고 많은 음식을 차리긴 한다.

썩 〜지 않다
それほど〜くない

양력〈陽曆〉新暦
뚝딱 해치우다
さっとたいらげる
음력〈陰曆〉旧暦
상다리가 부러져라
食卓が折れるほど
차리다 (食べ物を) 用意する

④ 어렸을 때는 한 살 더 먹으면 얼른 어른이 될 것 같아 새해를 기다리곤 했다. 그러나 나이가 들고 나니 문

〜곤 하다 〜したりする
〜고 나니 〜してからは

득 같은 나날이 반복되는데 새해가 되는 것에 무슨 의미가 있나 싶었다. 그렇지만 생각해 보니 안 좋은 일이 많이 있었던 해는 매듭을 묶어서 멀리 과거로 흘려 보내고 새해에는 새로운 것을 담을 수 있다는 점에서 의미가 있다.

~나 싶다 ~のだろうかと思う
매듭 結び目・節目
묶다 まとめる
흘려 보내다 送り流す

되풀이되다 繰り返される

⑤ 해마다 연말연시가 되면 되풀이되는 많은 행사들. 일본 집집마다 장식해 놓은 가도마쓰를 볼 때마다, 정월이 되면 예쁘게 차려 입고 성년식을 향해 종종거리는 발걸음으로 가는 스무 살 여성들을 볼 때마다 일본에 살고 있다는 실감을 한다.

차려 입다 きれいに着飾る

종종거리다 いそいそとする

풍습 風習、習慣
~ㄹ/을지언정 ~といえども

⑥ 나라마다 풍습은 다를지언정 바라는 소망은 같을 것이다. 한 해의 안녕과 사업의 번창, 그리고 원하는 것을 이루기를.

안녕〈安寧〉平穏無事
번창 繁盛
손에 얻다 手に入れる
~기를 ~ますように

絵の中の말

악 : あっ、삐끗 : グラッ

ポイントとなる表現

① **못지 않게**：負けず劣らず

너 못지 않게 나도 한국어 공부를 열심히 했단 말이야.
君に負けず劣らず僕も韓国語の勉強を一生懸命にしたんだってば。

② **〜ㄹ/을지언정**：〜といえども、(たとえ)〜だとしても

그 일을 포기할지언정 그 사람에게 사과할 용의는 없다.
たとえその仕事を手放すといえども、その人に謝るつもりはない。

굶을지언정 얻어먹지는 않겠다.
仮に飢えたとしても他人におごってもらうことはしない。

年末年始 ― 年を越すには三つ準備しないと

1 歳をとると年末が早くやって来る。韓国にも忘年会がある。ハングルで書くと「マンニョネ」なのだが、「忘」にあたる「マン」が「滅びる」という単語の「マン」と同じ音だからか、言葉の響きが良くないということで、最近では「送年会」と呼んでいる。「一年を忘れるのではなく、行く年を送る」という意味なのである。韓国人に負けず劣らず日本でも忘年会をたくさん開いているようだ。忘年会とクリスマスの雰囲気に酔って行く年を送るのだ。でも、日本では、行く年を送るためには3つの事を準備しなければならない。

2 まず、年末の大掃除。韓国でも会社では大々的に年末に掃除をする。オフィスの窓の埃を拭きとり、各種書類を片付けて、あちこちに溜まった垢を落とす。しかし、一般家庭ではやらない。日本では各家庭で年末に大掃除をするということが不思議だった。

二つ目は年越し蕎麦。年を越すために食べる蕎麦である。一人暮らしの人でもコンビニで買うなどして食べる。細くて長い蕎麦を食べながら長寿を願うのだそうだ。一方、韓国では一年の締めくくりに食べるものは特にない。その代わり、新年に

「トック」を食べて初めてひとつ歳をとることが出来るのだと考える。「トック」とは日本の雑煮と似ているけれども、餅だけではなく牛肉などの具が多い。韓国人は「トック」を食べてこそ、新年をちゃんと迎えたのだと感じる。

３ 三つ目はおせち料理。日本に来て初めての新年を、京都の寮で迎えた。その時に初めておせちを味わったのだが、不思議な感じがした。海老、黒豆など、綺麗に盛り付けられた食べ物。僕の口にはあまり合わなかったけれども、その食べ物ひとつひとつに様々な意味があるということを後になって知った。その上、おせちが非常に高価だと知って驚いた。韓国では新暦の元旦にはトックを一杯さっとたいらげたら終わりだというのに。もちろん旧暦の元旦は民族最大のイベントなので、食卓の脚が折れるほどたくさんの食べ物を用意するのであるが。

４ 子どもの頃は、ひとつ歳をとると早く大人になれるような気がしたため、新年が待ち遠しかったものだ。でも、歳をとってからは同じ日々が繰り返されるのに、新年になるという事に何の意味があるのだろうかと思った。しかし、考えてみると、良くない事が多かった年は、節目の意味で遠い過去として送り流し、新年には新しいことを受け入れられるという点に意味がある。

５ 毎年、年末年始になると繰り返される多くのイベントの数々。日本の家一軒一軒に飾られている門松や、綺麗に着飾り、いそいそとした足取りで成人式へ向かう二十歳の女性たちを目にするたび、日本に住んでいるのだなあと実感する。

６ 国ごとに風習は違うといえども、願いは同じであろう。一年の平穏無事と、商売繁盛、そして願いが叶いますように。

タングニの한마디　10. 学習者に向けて

外国語が上手になるためには、日常的に接することができる環境を作らなければなりません。いつも韓国語の本を読んだり、ラジオや学習用の音声を聞きながら、少しずつ気楽に勉強するのが一番です。重要なのは気長にコツコツやることで、韓国語教室に通ったり、韓国旅行に行ったりしながらモチベーションを維持できる方法を自ら用意することです。

22 디즈니랜드

한 사람의 인생을 담는 테마 파크

통틀어 ひっくるめて

역설적으로 逆説的に言えば

현지화 現地化
쓴 잔을 들이켜다
苦杯を嘗める

1 한국사람이 도쿄에 오면 꼭 들르는 곳이며, 일본 전체를 통틀어 가장 큰 테마 파크인 도쿄 디즈니랜드. 역설적으로 미국 이외의 해외 디즈니 파크 중에서 가장 수익을 잘 내는 곳이다. 미국이 직접 운영에 관여하는 홍콩이나 프랑스는 현지화에 실패해 쓴 잔을 들이켜고 있는 데

비해, 본사에 로열티만 내는 도쿄 디즈니랜드는 운영과 매뉴얼을 완전히 일본 것으로 만들었기 때문에 성공했다.

2 처음 디즈니랜드에 간 것은 한국인 친구 부부가 일본에 놀러 왔을 때다. 워낙 명성이 자자해서 갔는데, 디즈니 애니메이션 속 모든 캐릭터를 실제로 만나고 놀이기구로 즐길 수 있다는 게 좋았다. 게다가 캐스트라 불리는 진행요원들의 친절함에 감동을 받았다.

3 한국의 테마 파크가 주로 놀이기구의 짜릿함으로 승부를 건다면, 도쿄 디즈니랜드는 그야말로 디즈니 캐릭터의 완벽한 재현을 통한 만남과 화려한 퍼레이드가 강점이다. 외국 브랜드를 들여와서 철저하게 일본인의 특성에 맞추어 재현되는 퍼레이드는 오리지널과 차이가 없을 뿐만 아니라 일본인 특유의 기다림과 어우러진다. 일본인들은 날씨가 춥든 덥든 개의

로열티 ロイヤリティ

명성이 자자하다 評判がいい

놀이기구 乗り物、アトラクション
진행요원〈進行要員〉スタッフ

짜릿하다 しびれる・刺激する
승부를 걸다 勝負をかける

강점〈強点〉強み

철저하다 徹底する

오리지널 オリジナル

어우러지다 調和する

~든 개의치 않고
~ようがお構いなしに

때마침 たまたま,
ちょうどその時に

착각 錯覚, 勘違い

치 않고 1시간 전부터 자리를 잡고 퍼레이드 구경할 준비를 한다. 2011년 동일본 대지진이 났을 때 퍼레이드를 기다리던 어느 한국 사람은 땅이 흔들리는 것조차 디즈니랜드에서 기획한 것이라고 착각을 했을 정도라고 한다.

④ 도쿄 디즈니랜드는 깔끔한 운영 매뉴얼 외에도 세심한 부분까지 신경을 많이 썼다. 리조트 전체를 순환하는 모노레일조차 미키마우스 모양으로 만들어 놓아서 들어가는 입구부터 이미 디즈니왕국에 들어왔음을 알린다. 디즈니랜드 내에서 연기하는 캐릭터를 아무데서나 마주치지 않도록 철저하게 계산해 놓았다는 점도 그렇다.

세심하다 細かい

신경을 쓰다 気を配る

⑤ 무엇보다 도쿄 디즈니랜드는 마치 살아있는 생물처럼 정월, 밸런타인데이, 크리스마스 등 모든 이벤트에 반응한다. 늘 새로움이 넘친다. 디즈니랜드를 찾

넘치다 溢れる
~에 이르다
~にのぼる

는 사람은 한 해에 2500만명에 이르고, 그 중 재방문자가 80%를 차지한다고 한다. 한 번 온 사람을 다시 오게 만드는 눈물겨운 노력이 느껴질 정도다.

재방문자〈再訪問者〉
リピーター
차지하다 占める
눈물겹다 涙ぐましい、涙無しでは見られない

6 언젠가 보았던 도쿄 디즈니랜드 광고 영상. 어렸을 땐 아빠와 디즈니랜드에 놀러 가고 중고등학교 시절엔 친구들과 함께, 커서는 애인과 데이트하는 곳으로, 나이가 들어서는 과거를 추억하러 가는 곳. 애니메이션으로 그려졌는데 디즈니랜드와 함께한 한 사람의 일생이 인상적이었다. 디즈니랜드만큼 일본인의 일상에 녹아 있는 테마파크도 없을 것이다.

광고 영상 コマーシャル映像

함께하다 共にする、共に歩む

絵の中の말

꿈과 환상의 나라로 : 夢と幻想の国へ、슈웅 : ビューン

ポイントとなる表現

① ~든 개의치 않고 : ~だろうがお構いなしに

그 복서는 상대가 누구든 개의치 않고 싸웠다.
そのボクサーは相手が誰だろうがお構いなしに戦った。

② ~에 이르다 : ~に上る、~に達する

그는 이제 천재의 경지에 이르렀다.
彼はもはや天才の域にまで達した。

그 책은 판매부수가 백 만부에 이를 정도로 잘 팔렸다.
その本は販売部数が100万部に上るくらいによく売れた。

ディズニーランド ― 人生を彩るテーマパーク

1 韓国人が東京に来たら必ず立ち寄る場所であり、日本全体をひっくるめて、最も大きなテーマパークである東京ディズニーランド。逆説的に言えば、アメリカ以外の海外ディズニーパークのうち最も多くの収益を生んでいる場所である。アメリカが直接運営に関わっている香港やフランスは現地化に失敗して苦杯を嘗めているのに比べて、本社にロイヤルティーのみを支払っている東京ディズニーランドは、運営とマニュアルを完全に日本のものとして作ったので成功した。

2 ディズニーランドに初めて行ったのは、韓国人の友人夫婦が日本に遊びに来た時だ。あまりにも評判がいいので行ってみたのだが、ディズニーのアニメーションの中のすべてのキャラクターに実際に会え、乗り物を楽しめるというのがよかった。その上、キャストと呼ばれるスタッフの親切さに感銘を受けた。

❸ 韓国のテーマパークが主に乗り物の刺激で勝負を賭けるなら、東京ディズニーランドはそれこそディズニーキャラクターの完璧な再現による触れ合い豪華なパレードが強みである。外国ブランドが入ってきて、徹底して日本人の特性に合わせて再現されるパレードはオリジナルと違いがないだけではなく、却って日本人特有の待つ事とマッチする。日本人は寒かろうが暑かろうがお構いなしに、1時間前から場所取りをしてパレード見物の用意をする。2100年東日本大震災が起きた時、パレードを待っていたある韓国人は地面が揺れていることさえディズニーランドが企画したものだと錯覚を起こしたほどだという。

❹ 東京ディズニーランドは見事な運営マニュアル以外にも、細かいことところまで大変気を配っている。リゾート全体を循環するモノレールまでもがミッキーマウスの形に作られており、エントランスからもうディズニー王国に足を踏み入れたことを教えてくれる。ディズニーランドの園内で演技しているキャラクターに所かまわず遭遇しないように、徹底的に計算してあるという点もそうである。

❺ 何よりも東京ディズニーランドは、まるで生き物のように正月、バレンタインデー、クリスマスなどすべてのイベントに反応する。いつも新鮮さに溢れている。ディズニーランドを訪れる人は年間2500万人に上り、そのうちリピーターが80％を占めるという。一度訪れた人をリピーターにするという涙ぐましい努力が感じられるほどだ。

❻ いつだったか見た、東京ディズニーランドのコマーシャルの映像。子供のときは父親とディズニーランドに遊びに行き、中高生時代には友人たちと、成長してからは恋人とのデートスポットに、歳をとってからは昔を懐かしんで訪れる場所。アニメーションで描かれたものだったが、ディズニーランドとともに歩んだ、一人の人間の一生が印象的だった。日本人の日常にディズニーランドほど溶け込んでいるテーマパークもないだろう。

23 사투리

TV를 통해 배우는 또 하나의 일본어

알아듣다 聞き取る

처참하다 惨憺たる

1 99년. 이와이 슌지 감독의 영화 러브레터를 처음 본 것은 일본어 공부를 시작한 지 1년이 지난 시점이었다. 일본어능력시험 1급을 보고 난 직후였기 때문에 어느 정도는 알아들을 줄 알았다. 결과는 처참했다. '오겡키데스카' 말고는 거의 알아들을 수 없었다. 그때 내 일본어 실력에 절망했다.

2 　1년 후 일본에 와서 처음 살던 곳은 교토. 간사이벤이라고 불리는 사투리를 많이 듣게 됐다. 그제서야 난 러브레터 대사를 거의 못 알아들은 이유를 알게 됐다. 남자 주인공이 쓰던 말은 일본어 학원에서 배웠던 표준어가 아닌 '간사이 지역의 방언'이었던 것이다. 표준어도 알아듣기 힘들었던 그때 간사이 사투리라니. 알아듣지 못하는 것은 당연지사.

그제서야 その時やっと

대사 台詞（セリフ）

~았/었던 그때
~であった当時
당연지사〈当然之事〉
当たり前のこと

3 　외국어를 얼마나 잘하는지 알 수 있는 척도는 그 나라의 개그 프로그램을 보고 웃을 수 있느냐다. 개그 프로그램은 당대를 풍자하면서 빠른 말로 이야기하기 때문에 단순한 회화 실력으로는 알아듣기 쉽지 않다. 웃음코드도 다르니 문화적 배경까지 알아야 한다.

척도 尺度
개그 프로그램 お笑い番組

당대를 풍자하다
今の世の中を風刺する

웃음코드 笑いのツボ

4 　일본의 개그 프로그램을 보다 보면 간사이벤이 많이 나온다. 처음에는 잘 이해가 되지 않았는데 자주 보니

많이 익숙해졌다. 간사이벤에 익숙해지니 일본 방송의 예능프로그램 진행자 중 간사이 출신이 많다는 걸 알게 됐다. 한국에서는 사투리가 촌스럽다고 생각하는 경우가 많은데, 일본에서는 간사이벤이 멋있다고도 하니 참 생각이 다르구나 생각했다. 한국에서도 부산말이 개그에 등장하기는 하나, 일본처럼 표준어에 대적할 정도는 아니다.

5 개그 프로그램을 보며 가장 의아했던 것은 '쓰코미'와 '보케'라는 역할 설정이다. 한국어로 설명하면 딴청을 피우거나 엉뚱한 대답을 해서 갑자기 관객에게 혼란을 안기는 쪽이 '보케'라면, 이에 대해 혼내는 듯이 큰 목소리로 센스 있고 날카로운 표현을 써서 지적하는 것이 '쓰코미'이다. 한국에서는 늘 당하기만 하는 보케 역할이 없다. 일본에서는 이게 한번 정해지면 고정적이라는 것과 '쓰코미'가 '보케'의 머리를 툭하면 때리는

예능프로그램
バラエティー番組

촌스럽다 田舎臭い、ダサい

대적하다 対抗する、太刀打ちできる
〜할 정도는 아니다
〜くらいではない

딴청을 피우다 とぼける

엉뚱한 的外れな

혼내다 叱る、こらしめる

당하기만 하다
やられっぱなしだ

툭하면 しょっちゅう、きまって

것이 의외였다. 머리 때리는 것을 TV에서 처음 봤을 때 좀 놀랐는데 이내 일본 문화의 하나라고 이해했다. 단 한국에서는 금물이다. 한국인은 그 무엇보다도 머리 때리는 것을 싫어하니까.

이내 すぐ、まもなく

6 일본 TV에 관한 생각 하나. 한국의 지상파에서는 방송 시작 전에 광고가 많지만, 일단 시작하면 방송 중간에 광고를 넣는 일이 없다. 일본에서 자상파로 영화 한 편을 보려면 중간에 삽입된 광고 때문에 2시간 반 이상은 족히 걸린다. 물론 최근 한국의 케이블 TV에서도 일본처럼 방송 중간 중간에 광고가 들어간다. 재미와 수익을 우선시하는 민영 방송국은 어디나 다 같구나 생각하니 이해가 갔다. 어쨌거나 TV나 영화 등 영상 매체는 언어를 배우는 데 최고의 선생님인 것만은 틀림없다.

지상파 地上波

~는 일이 없다
~ことはない

삽입되다 (挿入される) 挟む

중간 중간에 途中途中に

우선시하다 最優先に考える

이해가 가다 理解できる

絵の中の말

허허허 : ははは

ポイントとなる表現

① **~할 정도는 아니다**：~するほどではない

　이 음식은 아주 맛있다고 할 정도는 아니다.
　この食べ物はとてもおいしいというほどではない。

② **~기만 하다**：~ぱなしだ、~するだけ

　그는 늘 듣기만 하고 아무런 말이 없다.
　彼はいつも聞くだけで何も言わない。

③ **~는 일이 없다**：~ことはない

　이곳에서 떠드는 일이 없습니다.
　ここでおしゃべりすることはありません。

方言 ― テレビを通して習うもう一つの日本語

1　1999年。岩井俊二監督の映画『ラブレター』(1995年公開)を初めて見たのが、日本語の勉強を始めてから1年が経った頃だった。日本語能力試験1級を受験した直後だったため、ある程度は日本語が聞き取れるだろうと思っていた。結果は惨憺たるものだった。「お元気ですか？」以外はほとんど聞き取れなかった。その時、自分の日本語の実力に絶望した。

2　一年後、日本に来て初めて暮らしたのが京都。関西弁と呼ばれる方言を多く耳にするようになった。その時やっと僕はラブレターのセリフをほとんど聞き取れなかった理由が分かった。男性の主人公が使っていた言葉が、日本語学校で学んでいた標準語ではなく「関西の方言」だったのである。標準語も聞き取るのが難しかった当時に関西の方言だとは。聞き取れないのは当然の事。

③ 外国語がどの程度上手に話せるかの尺度は、その国のお笑い番組を見て笑えるかどうかだ。お笑い番組は今の世の中を風刺しつつ早口で話すので、単純な会話の実力では、聞き取ることが容易ではない。笑いのツボも違うので、文化的背景まで理解していなければならない。

④ 日本のお笑い番組を見てみると、関西弁が多く登場する。最初はよく理解できなかったのだが、しょっちゅう見ているうちに慣れていった。関西弁に慣れると、日本のテレビのバラエティー番組の司会者のうち関西出身者が多いことが分かった。韓国では方言が田舎臭いと感じる場合が多いが、日本では関西弁がカッコいいともいうから、本当に考え方が違うなと思った。韓国でもプサンの言葉がお笑いに登場するにはするが、日本のように標準語に対抗するほどではない。

⑤ お笑い番組を見ながら最も首をかしげたのが「ボケ」と「ツッコミ」という役割設定である。韓国語で説明すると、とぼけた行動をしたり全く見当違いの返事をして、なんのことかと一瞬観客を混乱させるのが「ボケ」で、それに対して叱るような大声で、センスよく鋭い表現を使って指摘するのが「ツッコミ」である。韓国ではいつも怒鳴られっぱなしの「ボケ」と言う役割はない。日本では一度役割が決定したらそのまま変わらないという点と、ツッコミがボケの頭を何かあったらすぐたたくということが不可解だった。頭をたたくのをテレビで最初に見たときは少し驚いたのだが、間もなく日本の文化のひとつだと理解した。ただ、韓国では禁物である。韓国人は何よりも頭をたたかれることを嫌うから。

⑥ 日本のテレビに関して思うことがひとつ。韓国の地上波では放送開始前にＣＭが多いのだが、いったん始まると放送の途中でＣＭを挟むということはない。日本では民放で映画を一本見ようと思ったら、途中に挿入されるＣＭのせいで優に２時間半以上かかる。もちろん最近韓国のケーブルテレビでも、日本のように放送の途中途中にＣＭが入る。面白さと収益を最優先に考える民営の放送局はどこでもみんな一緒なのだなと思うと納得がいった。とにもかくにも、テレビや映画などの映像メディアは言葉を学ぶのに最高の先生であることには間違いない。

24 사무라이

일본어 속에 살아 있는 사무라이

단일화 〈単一化〉 一本化

뽑아 들다 取り出す

~는 생각이 들다
~気がする

1 정치에서 군소 후보가 단일화를 해서 일대일 대결이 되면 일본에서는 이런 단어를 뽑아 든다. '잇키우치'. 이 말은 1대 1로 대결을 한다는 뜻인데 이 말을 듣는 순간, 일본어에 사무라이 문화가 많이 녹아있다는 생각이 들었다. '경쟁이 안 된다'는 말도 '다치우치데키나이'라고

해서 큰 칼이 등장한다. 이때부터 일본어와 사무라이 문화에 대해 생각해 보았다.

사무라이 하면 칼! 그러고 보니 일본어는 '자른다'는 말이 많다.

자르다 切る

2 일본어 학교 수업시간에 선생님이 수업을 마칠 때 '기리가이이도코로'라는 말을 썼다. 직역하면 '자르기 좋은 부분'이라는 말로, 한국어로는 '끝내기 적당하다', '딱 떨어진다'는 뜻이다. 설거지를 한 후에 음식물 쓰레기의 물기를 뺄 때는 '미즈오키루'라고 하며, 전원을 끌 때는 '덴겐오키루'라고 하는 것을 보면 무언가를 '빼고 끝낼 때'는 '기루'가 필요하다. 또한, '극복하다'라는 말 역시 한계를 뛰어넘어서 확실하게 끊는다는 뜻으로 '노리키루'라고 표현한다. 리드하던 경기에서 끝까지 수위를 지켜 승리하면 '니게키루'라고 하고, 오죽하면 '배신'은 '우라기리'라고 했을까. 즉, 배신이란 행위는 등(背)을 돌리는 것이 아니라 '같은 편의 뒤

직역하다 直訳する

설거지 (台所の) 後片付け

한계를 뛰어넘다
限界を超える

오죽하면
どんなに〜だったら

같은 편 味方

~도 그렇다 ~も同じである

내세우다 アピールする、前面に出す

뒷맛 後味

를 베는 것'이라는 뜻이다.

③ '다베키레나이'라는 표현도 그렇다. 한국어로 표현하면 '먹는 것을 다 끝내지(자르다) 못하다', 즉 '다 못 먹다'라는 뜻인데, '다베라레나이'라고 만 쓰면 단순히 불가능하다는 뜻이 되므로 '기루'라는 표현을 써서 보다 의미를 확실히 전달할 수 있다. 즉 '기루'는 어떤 일이 확실하게 마무리된다는 의미도 가진다는 것을 알게 됐다. '셀 수 없이 많은 별'도 '가조에키레나이호시'라고 말하는데, 여기서도 우주를 떠도는 모든 별을 '다 셀 수 없다', '확실하게 매듭을 지을 수 없다'는 의미가 담겨있을 것이다.

④ TV의 맥주 광고에서 가장 포인트로 내세우는 '기레아지'를 보자. 직역하면 '잘리는 맛'인데, 맥주가 목을 통해 넘어가는 탄산의 '뒷맛'을 가리키고 있다. 즉, 뒷맛을 남기지 않고 깔끔하게

없애준다는 뜻이다.

5 이렇게 '기루'라는 말이 많이 쓰이다 보니, '가네노키레메가엔노키레메'라고 해서 '돈이 끊기는 시점이 인연이 끊기는 시점'이라는 속담까지 있다. 게다가 사물의 어떤 점에 대해 정확하게 분석하고 핵심을 집어내는 것을 '기루(斬る)'라고 하니 일본어는 자른다는 말 없이는 마무리가 안 되는 것 같다. 일본어는 '기루(きる)'로 완성된다. 긴 역사 속에서 생긴 문화가 온전히 말에 남아 있는 것이다.

속담 諺

사물 物事

마무리 締め、仕上げ

絵の中の말

일본어 : 日本語、부웅 : ブーン

ポイントとなる表現

① **오죽하면**：どれほど〜だったら（反語的に）、さぞかし、よっぽどの事だ

오죽하면 어머니가 청소까지 했겠니?
お母さんが掃除するなんて、よっぽど汚かったという事だ。

② **〜도 그렇다**：〜も同じだ、〜もそうだ

돌아가신 어머니 사진을 보고 그녀가 마음 아파했는데 나도 그랬다.
亡くなられたお母さんの写真を見て彼女が苦しんでいたが、私も同じだった。

그 사람 태도도 그렇고, 눈빛도 그렇고 마음에 안 들어.
その人の態度もそうだし、目つきもそうだし、気に食わないんだよ。

③ **〜없이는**：〜無しには、〜無しでは

인간은 물 없이는 살 수가 없다.
人間は水無しでは生きられない。

サムライ ― 日本語の中に生きている侍

1 選挙において、弱小候補が一本化し、対立候補が1対1で対決することになると、日本だったらこんな単語を取り出す。一騎打ち。この言葉は1対1で対決をするという意味であるが、この言葉を聞いた瞬間、日本語にサムライ文化が溶け込んでいるという思いがした。「競争にならない」と言う言葉も、「太刀打ち出来ない」と言い、大きい刀が登場する。この時から、日本語とサムライ文化について考えてみた。

サムライといえば刀！　そう考えてみると、日本語は「切る」という言葉が多い。

②　日本語学校の授業時間に先生が授業を進めるのを終える際に、「切りがいいところ」という言葉を使った。直訳すると切るのにいい部分という意味だが、韓国語では「終えるのに適当である」「ぴったりと終わる」という意味だ。洗いものをした後に生ゴミの水気をなくすことを「水を切る」と言い、電源をオフにする時は「電源を切る」ということから考えると、何かを「抜いたり、終える時」には「切る」が必要だ。また、「克服する」に相当する単語もやはり、限界を超えて確実に終えるという意味で「乗り切る」と表現する。リードしていた試合で、最後までリードを守って勝てば「逃げ切る」と言い、背信のことを「裏切り」というのだから、よっぽどの事だ。すなわち、背信という行為は背を向けることではなく「味方の背中を斬ること」を意味するのだ。

③　「食べきれない」という表現も同じである。韓国語で表現すると「食べることをすべて終えられない」、すなわち「全部食べられない」という意味だ。しかし「食べられない」とだけ言ったならば、単純に不可能だという意味になってしまうため、「切る」という表現を使って、意味をより確実に伝えることが出来る。すなわち「切る」は、ある事が確実に締めくくられるという意味も持つことがわかった。「数えきれない多くの星」と言うが、ここでも宇宙に浮かんでいる星をすべて数えることが出来ないため、確実に締めくくれないという意味が込められているのだろう。

④　テレビのビールのCMで、ポイントとして最もアピールする「切れ味」という言葉を見てみよう。直訳するならば、「切れる味」だが、ビールが喉を通り抜けて行く炭酸の後味を指している。すなわち、後味を残さずにすっきりと無くしてくれるという意味だ。

⑤　このように「切る」いう言葉が多く使われているが「金の切れ目が縁の切れ目」といって、「お金が切れる時が縁も切れる時」なのだということわざまである。その上、物事のある部分に対して正確に分析し核心をつくことを「斬る」と言い、日本語は「きる」という単語無しには締めくくれないようだ。日本語は「きる」で完結する。長い歴史の中で生まれた文化がそっくりそのまま言葉の中に残っているのだ。

25 모국어
아리와 개미

평일 平日

웅크리다 しゃがみこむ
한 마디 하다 一言いう

흙장난 泥遊び

1 첫째 딸이 두 살 때 일이다. 평일에 주로 일본 어린이집(保育園)에 보냈는데 어느 날 집 근처 공원에서 '개미'를 보고 웅크린 후 한 마디 한다.
"아리다아"

2 아마 어린이집에서 매일 듣는 게 일본어이고, 그곳 마당에서 흙장

난하다가 개미를 보았던 모양이다. 비록 일본에 살고 있지만 아이의 한국어만큼은 확실히 하고 싶었던 나는 이렇게 말했다.

"저건 아리가 아니야. 개미야. 개미"

아이가 반복한다. "아리다아"

나도 고집한다. "따라 해 봐. 개애미"

"아리다아" "개미" "아리" "개미" "아리"

3 한참 같은 말을 반복했지만 아이는 자기가 아는 단어에 대한 고집을 꺾지 않았다.

"그래 아리다!"

결국 나의 일방적인 항복으로 끝났다. 아이를 키우는 동안 언어에 대한 고민은 내내 지속되었다. 첫 아이여서 더욱 그랬는지 모른다. 그런 이유로 한국에서 동화책을 대량으로 가져와 읽어주기도 해서, 아이가 4살 때쯤에는 집안에서는 한국어, 밖에 나가면 일본어를 주로 쓰게 됐다.

~았/었던 모양이다
~ていたようだ

반복하다 繰り返す

고집을 꺾지 않다
頑として譲らない

항복〈降伏〉降参

~기도 해서
~たりもして

~자마자 ~や否や、~なり
~려 하지 않다
~ようとはしない
주위 周囲、周り

새까맣게 까먹다
すっかり忘れる
~고 말다 ~てしまう
의사소통 意思疎通
또래 同じ年頃

안도하다 安堵する

곧 잘 よく

4 2006년 한국에 1년간 들어가 산 적이 있었다. 한국으로 들어가자마자 아이는 일본어를 더 이상 쓰려하지 않았다. 아이가 보기에 주위에 일본어 쓰는 사람이 없다 보니 일본어 쓰는 것이 이상했던 것 같다. 1년 반 후 아이는 다시 일본으로 오게 됐는데 일본어를 새까맣게 까먹고 말았다. 일본 유치원에 보냈더니 의사소통이 안 돼서 또래 아이들과 어울리는 것이 아니라 혼자서 운동장에서 그림을 그리거나 선생님하고 놀았다고 한다.

5 6개월 정도 지나니 어느 정도 일본어로 이야기를 하게 되긴 했지만, 아이는 유치원에서 외로움을 많이 느꼈던 것 같다. 그래서 졸업 후 도쿄한국초등학교에 보내게 됐다. 한국 초등학교에 보냈더니 아이는 성과 이름이 자기와 비슷한 아이들이 많은 것에 안도했고 한국어뿐만 아니라 일본어도 곧 잘 하게 됐다. 부모가 한국인이지만 일본에서 자란 또래 아이들이

많아서 수업시간에는 한국어로 수업을 듣고 아이들과 어울릴 때는 일본어를 쓴 것이다. 언어는 말뿐만 아니라 정체성과도 연관된다.

정체성〈正体性〉
アイデンティティ

❻ 2012년 둘째 아이가 태어났고 첫째 아이와는 10살 차이다. 작년에 2살이 다 되었을 무렵부터 일본 어린이집에 보내기 시작했다. 그러자 첫째 딸이 그랬던 것처럼 무언가를 자기에게 달라고 할 때 일본어로 이야기한다. "가시테"
 하지만 이제 나는 억지로 한국어로 고치지 않는다. 언어는 생각을 담는 그릇이다. 아이에게는 어린이집에서 배우는 말이 자연스럽다. 첫째 아이를 키운 경험이 있어서 그런지 말이라는 것이 조바심을 내봤자 의미가 없다는 걸 알게 됐다. 대신 나는 나대로, 딸의 일본어를 듣고 그냥 한국어로 이렇게 답한다. "여기 있어요."

~달라고 하다
~ちょうだいという、
~てくれという

~았/었어서 그런지
~だったからか、
~からなのか
조바심을 내다 焦る

▌絵の中の말

개미:あり、허허… 그게 아니라:はははは、そうじゃないよ

25 모국어 155

ポイントとなる表現

① **~기도 해서**：~たりもして、~することもあって

　사실 그때 너무 힘들기도 해서 집을 팔았어.
　実はあの時、あまりにも大変だったこともあって家を売った。

② **~고 말다**：~してしまう

　그는 끝내 진실을 말하지 않고 입을 다물고 말았다.
　彼は最後まで本当のことを言わずに、口をつぐんでしまった。

③ **~아/어 달라고 하다**：~てくれという

　그 모임에는 시간을 내달라고 하는 사람이 많다.
　その集まりには時間を作ってくれという人が多い。

母国語 — ありとケミ

1 　上の娘が2歳の時だった。平日は主に日本の保育園に預けていたのだが、ある日近所の公園で「ケミ（あり）」をみて、しゃがみこんだ後にひとこと言った。
　「ありだあ」

2 　おそらく保育園で毎日耳にしているのが日本語だし、そこの庭には土があるため、泥遊びをしょっちゅうしているうちにありを見ていたようだ。たしかに日本に住んではいるが、子どもの韓国語だけはしっかりしておきたかった僕はこう言った。
　「それはありじゃないよ。ケミだよ、ケミ。」
　子どもは繰り返す。「ありだあ」
　僕も譲らない。「真似して言ってごらん。ケーミ」
　「ありだあ」「ケミ」「あり」「ケミ」「あり」……

③ ひとしきり同じ言葉を繰り返したが、子どもは自分が知っている単語に対しては頑として譲らなかった。
「そうそう、ありだね！」
　結局は僕が一方的に降参して終わった。子育てをする間ずっと言葉に対する悩みは続いた。最初の子どもだから余計にそうだったのかもしれない。そのような理由から、韓国から絵本を大量に持って来て読み聞かせたりもして、子どもが4歳くらいまでは家の中では韓国語、外に出かけたら主に日本語を使うようになった。

④ 2006年、韓国へ一年間戻って暮したことがあった。韓国へ戻るや否や、子どもは日本語をそれ以上使おうとはしなかった。子どもの判断で、周囲に日本語を使う人がいないから、日本語を使うのがおかしいと感じたようだった。1年半後、子どもは再び日本に来る事になったのだが、日本語をすっかり忘れてしまっていた。日本の幼稚園に預けたのだが、意思疎通が出来ず、同じ世代の子ども達と仲良くできずに一人で運動場で絵を描いたり、先生と遊んだという。

⑤ 6ヶ月ほど過ぎ、日本語である程度話が出来るようになったが、子どもは幼稚園で寂しさをだいぶ感じていたようだった。なので、卒業後、東京韓国初等学校に通わせることになった。韓国初等学校に通わせたところ、名字と名前が自分と同じような子ども達が多いことに安堵して、韓国語のみならず日本語もすぐに上手になった。両親が韓国人であるけれども日本で育った同じ世代の子ども達が多いので、授業中は韓国語で授業を聞いて、子ども達と交流するときは日本語を使ったのだ。言語は単語だけではなく、アイデンティティと関連する。

⑥ 2012年に二番目の子どもが生まれたのだが、最初の子どもとは10歳違いである。去年、ほぼ2歳に近づいた頃から、日本の保育園に預け始めた。すると、上の娘がそうしたように、何かを自分にちょうだいという際に日本語で話す。
「かして！」
　しかしもう、僕は無理やり韓国語へ訳しはしない。言語は考えを盛り込んだ器である。子どもにとっては保育園で学ぶ言葉が自然なのだ。上の子を育てた経験があるからなのか、言葉というものは、焦っても意味がないということが分かった。その代わり僕は僕なりに娘の日本語を聞いて、ただ韓国語でこう答える。
「ヨギイッソヨ（はい、どうぞ）」

著者略歴
金玄謹（キム・ヒョングン）
ミリネ韓国語教室（http://www.mirinae.jp）主宰
1974年韓国生まれ。大学でコンピュータを専攻し、卒業後プログラマーとして働く。2000年に来日し、京都国際外国語センターを経て、東放学園専門学校デジタルアニメーション科卒業。日本でアニメーターとして働く一方で、韓国の代表的なサイト daum でブロガーとして活躍し、日本語学習コミュニティーサイトも運営。その後、日本専門インターネットニュースサイト（http://jpnews.kr）で編集部チーム長兼記者を経て、2010年に株式会社カオンヌリを設立し、ミリネ韓国語教室を開く。
著書：『당그니의 일본표류기』『도쿄를 알면 일본어가 보인다』（いずれも韓国）など多数。

執筆協力（日本語訳）：中村澄子（なかむら・すみこ）ミリネ韓国語教室講師

韓国語リーディング　タングニの日本生活記

　　　　　　　　　　　　　　　2015年4月10日　印刷
　　　　　　　　　　　　　　　2015年5月 5 日　発行

　　　　　　　　　著　者ⓒ　金　　玄　　謹
　　　　　　　　　発行者　　及　川　直　志
　　　　　　　　　組版所　　アイ・ビーンズ
　　　　　　　　　印刷所　　株式会社三秀舎

白水社 100

発行所　101-0052東京都千代田区神田小川町3の24
　　　　電話 03-3291-7811（営業部）、7821（編集部）　株式会社 白水社
　　　　http://www.hakusuisha.co.jp
　　　　乱丁・落丁本は、送料小社負担にてお取り替えいたします。

振替 00190-5-33228　　　　　　　　　　　　　　誠製本株式会社

ISBN978-4-560-08692-6

Printed in Japan

▷本書のスキャン、デジタル化等の無断複製は著作権法上での例外を除き禁じられています。本書を代行業者等の第三者に依頼してスキャンやデジタル化することはたとえ個人や家庭内での利用であっても著作権法上認められていません。

白水社の韓国語学習書

足下を固めてもう一歩先の韓国語の表現を

日本語を活かしてつかむ
中級韓国語のコツ

金順玉／阪堂千津子／岩井理子［著］

中級になると，機械的な直訳では不自然な場合や間違いとなる場合が増える．間違えやすいポイントがどこにあるのか，例題や練習問題を通して整理して，より正しい表現を目指す．四六判　159頁

映画のセリフを徹底して文法面から分析する

鯨とり
対訳シナリオで学ぶ韓国語

崔仁浩［脚本］　林原圭吾［編訳・注］

1980年代を飾る韓国映画史上の記念碑的ロードムービーのシナリオを韓日対訳で収録．詳細かつ丁寧な文法解説付き．時代背景や韓国事情，字幕の舞台裏などについてのコラムも充実．Ａ５判　147頁

こう発音すればネイティブにも確実に伝わる

韓国語
発音クリニック　CD付

前田真彦［著］

うまく言葉が伝わらないという，あなたの韓国語の発音の悩みに適切な診断を下し，解決策をお教えします．目からウロコの特効薬が満載．初級者にも中級者にもピリリと効きます．Ａ５判　159頁